すてきな子ども服

miit
新垣美穂

文化出版局

Contents

A

ラグランスリーブ
ドレス（長袖）

photo p.04 ／ how to make p.41

B

ラグランスリーブ
ドレス（半袖）

photo p.05 ／ how to make p.45

C

オープンカラー
ジャンプスーツ（半袖）

photo p.06 ／ how to make p.46

D

オープンカラー
ジャンプスーツ（長袖）

photo p.07 ／ how to make p.50

E

タックスカート

photo p.08 ／ how to make p.51

F

ラウンドカラードレス

photo p.10 ／ how to make p.57

G

オープンカラー
シャツ（半袖）

photo p.12 ／ how to make p.54

H

ポケットシャツ

photo p.14 ／ how to make p.60

I

スタンドカラードレス

photo p.16 ／ how to make p.62

J

ティアードドレス

photo p.18 ／ how to make p.65

K

フレンチスリーブ
ブラウス

photo p.20 ／ how to make p.68

L

ショートパンツ

photo p.21 ／ how to make p.70

作りはじめる前に ——— p. 40

M

フリルスリーブ
ブラウス

photo p. 22 ／ how to make p. 72

N

サルエルパンツ

photo p. 24,25 ／ how to make p. 74

O

パフスリーブブラウス

photo p. 26 ／ how to make p. 76

P

ブルマ

photo p. 26,28 ／ how to make p. 78

Q

ギャザースリーブブラウス

photo p. 28 ／ how to make p. 80

R

ギャザースカート

photo p. 29 ／ how to make p. 82

S

オーバーオール

photo p. 30 ／ how to make p. 83

T

ショート
オーバーオール

photo p. 31 ／ how to make p. 86

U

ラウンドカラーコート

photo p. 32 ／ how to make p. 92

V

オープンカラーシャツ（長袖）

photo p. 34 ／ how to make p. 56

W

ノースリーブ
ロングドレス

photo p. 36 ／ how to make p. 89

X

スペアカラー

photo p. 37 ／ how to make p. 91

A

how to make p. 41
size 110
height 114 cm

B

how to make p. 45
size 120
height 121 cm

C

how to make p. 46
size 120
height 121 cm

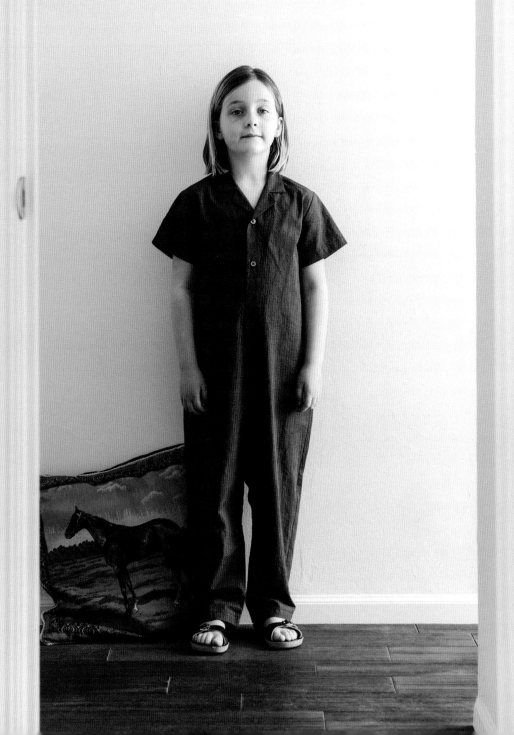

E

how to make p. 51
size 130
height 128 cm

08

F

how to make p. 57
size 120
height 123 cm

G

how to make p. 54

left
size 130
height 128 cm

center
size 110
height 114 cm

right
size 120
height 121 cm

H

how to make p. 60
size 120
height 124 cm

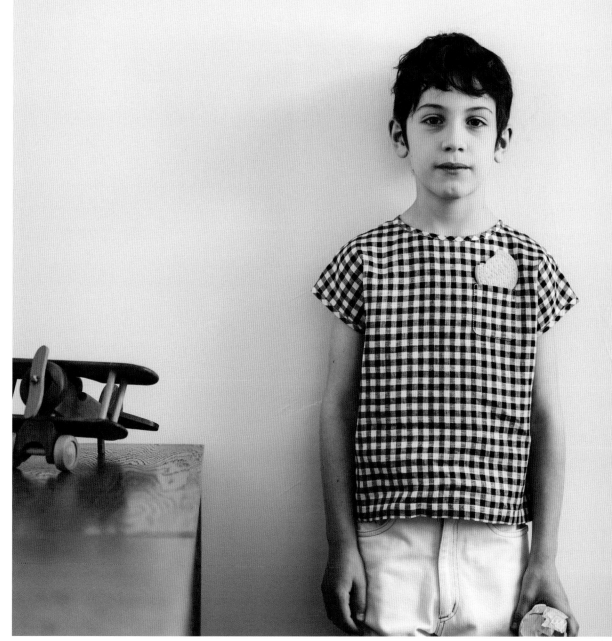

I

how to make p. 62
size 110
height 114 cm

J

how to make p. 65

left

size 110

height 114 cm

right

size 130

height 128 cm

K

how to make p. 68
size 120
height 121 cm

20

L

how to make p. 70
size 130
height 132 cm

21

M

how to make p. 72
size 110
height 114 cm

N

how to make p. 74

left
size 130
height 132 cm

right
size 110
height 114 cm

O

TOP
how to make p. 76
size 120
height 123 cm

P

BOTTOM
how to make p. 78
size 120
height 123 cm

P

BOTTOM
how to make p. 78
size 110
height 114 cm

Q

TOP
how to make p. 80
size 110
height 114 cm

R

how to make p. 82
size 110
height 114 cm

29

S

how to make p. 83
size 120
height 124 cm

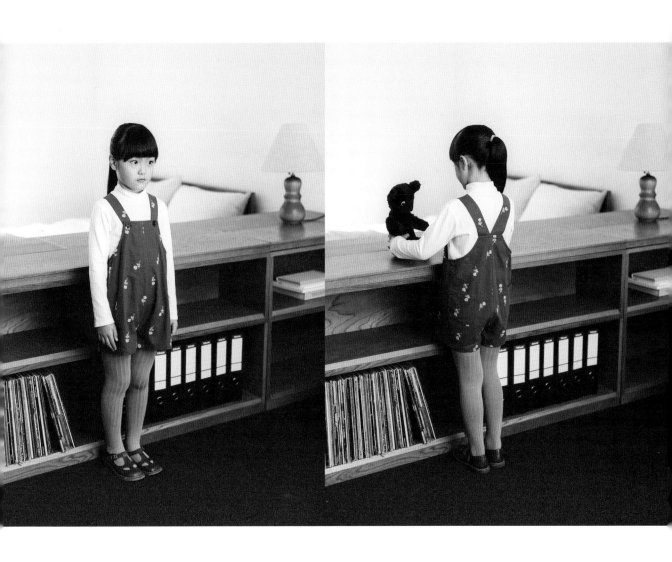

T

how to make p. 86
size 120
height 123 cm

31

U

how to make p. 92
size 120
height 121 cm

V

how to make p. 56
size 120
height 124 cm

W

how to make p. 89
size 110
height 114 cm

36

X

how to make p. 91
size 110
height 114 cm

子どもに手づくりのお洋服を着せられる時期は、
親にとってとても貴重な時間だと思います。
成長すると子どもの好みがはっきりしてくるので、
その時間は長いようで、案外短いのかもしれません。

この本では、そんな貴重な時間だからこそ、
作って着せたい子ども服をご紹介しています。
着心地がいいシンプルなデザインと、
美しいシルエットにこだわって作った子ども服は、
日々の装いを彩ってくれるアイテムばかりです。

ぜひお子さまが喜ぶ布を選んで作ってみてください。
きっと、他にはない特別で「すてきな子ども服」に
なってくれると思います。

この本が、親子のすてきな
思い出につながりますように。

新垣美穂

作りはじめる前に

サイズについて

この本の作品は、サイズ100、110、120、130、140の5サイズが作れます。参考寸法表と、各写真ページに記載のモデルの身長と着用サイズ、各作り方ページの出来上りサイズを参考に、お子さまのサイズに合ったパターンを選んでください。

［参考寸法表］　　　　　　　　　　　　　　　　　　　　　　　　　　　　　　単位は cm

サイズ	100	110	120	130	140
身長	90～105	105～115	115～125	125～135	135～145
バスト	54	58	62	66	70
ウエスト	45	49	53	57	61
ヒップ	57	61	65	69	73

裁合せ図と材料について

● 各作り方ページの裁合せ図は、120サイズのパターンで配置しています。裁合せ図はサイズの違いによって配置が異なる場合があります。すべてのパターンを配置して確認してから裁断してください。

● 共布のバイアス布は140サイズまで使用できるように少し長めに表記してあります。衿ぐりや袖ぐりなどの部分を縫いながら、余分をカットしてください。

● ゴムテープはおおよその長さを表記しています。試着してから長さを決めてください。

縫い代つき実物大パターンについて

付録の実物大パターンは縫い代つきです。
内側の細い線が出来上り線（100サイズのみ）、外側の太い線が縫い代つきの線になっています。

［縫い代つきパターンの使い方］

1. ハトロン紙などの薄い紙に縫い代つきの線を写してパターンを作ります。パーツ名や合い印なども忘れずに書き写します。出来上り線を写す必要はありません。

2. パターンを布地の上に置いて、重しなどで押さえるか、まち針でとめます。

3. パターンの紙端にそって布地を裁ちます。

4. 合い印には、パターンごとにノッチ（1～2㎜の小さな切込み）を入れます。ポケット位置などの縫い代より内側につける印は、水で消せるペンなどで印をつけます。

5. パターンをはずし、布端から指定の寸法の縫い代をとって縫います。縫い代は、各作り方ページの裁合せ図と解説に記載があります。

A

photo p.04

ラグランスリーブドレス（長袖）

シンプルなデザインだからこそシルエットにこだわったドレスです。
リネンの他にコーデュロイで作るのもおすすめです。

実物大パターンは
A面にあります

［出来上り寸法］

サイズ	100	110	120	130	140
バスト	70cm	74cm	78cm	82cm	86cm
着丈	57.5cm	62.5cm	67.5cm	72.5cm	79.5cm
袖丈	35.5cm	40cm	45cm	49.5cm	54.5cm

［材料］（左から　100/110/120/130/140 サイズ）

・表布［プレドゥ / ピュアリネンクールクラッシュ加工（ストロング
イエロー）］……110cm幅 180cm/190cm/200cm/220cm/240cm
・接着テープ（前ポケット口）……1.2cm幅 30cm
・ボタン……直径1cm 1個

［裁合せ図］

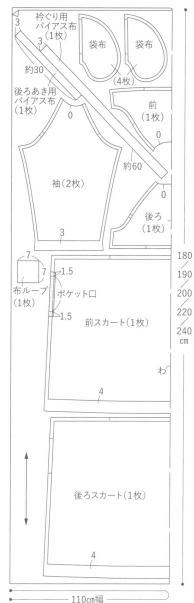

180
190
200
220
240
cm

110cm幅

*指定以外の縫い代は1cm
* ▨ は裏に接着テープをはる
*数字は上から100/110/120/130/140サイズ

準備：バイアス布を作る

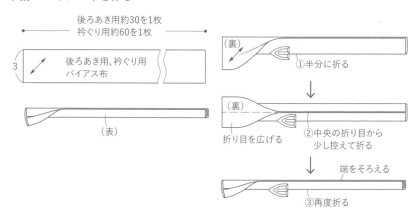

後ろあき用約30を1枚
衿ぐり用約60を1枚

後ろあき用、衿ぐり用
バイアス布

（裏）　①半分に折る

折り目を広げる

（裏）　②中央の折り目から
少し控えて折る

端をそろえる

③再度折る

1. 後ろあきを作る

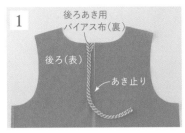

あき止りまで切込みを入れ、バイアス布の折り目を開き、布端をそろえて後ろあきに中表に重ねる。

バイアス布の折り目の真上ではなく少し布端側にミシンをかける。切込みを開いてまっすぐにしながら縫う。

あき止りから左右1.5cmの間は0.3cmで縫う。

バイアス布の一辺を縫いつけたところ。

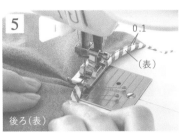

バイアス布で後ろあきをくるみ、縫い目にかぶせてまち針でとめ、表側からミシンをかける。

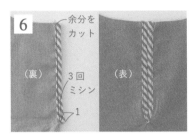

後ろ中心を中表に折ってあき止りのバイアス布に斜めに3回とめミシンをかけ、片方に倒す。表からアイロンで整えて、出来上り。

2. 袖口をアイロンで三つ折りにする。前後身頃に袖をつける

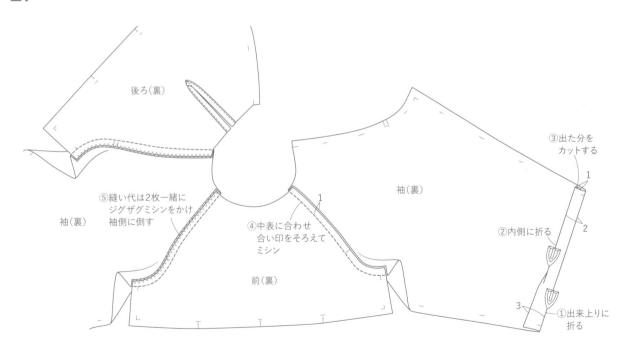

3. 布ループを作り（→p.67参照）、後ろあきにはさんで衿ぐりをバイアス布でくるむ

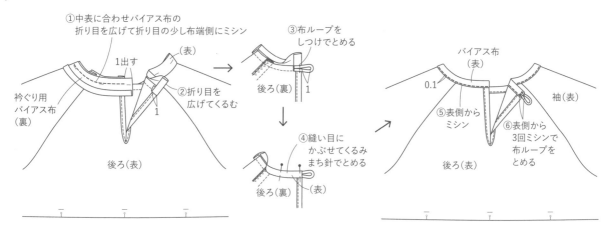

4. 前後スカートに袋布をつけ、ギャザーを寄せる。前後身頃とそれぞれ縫い合わせる

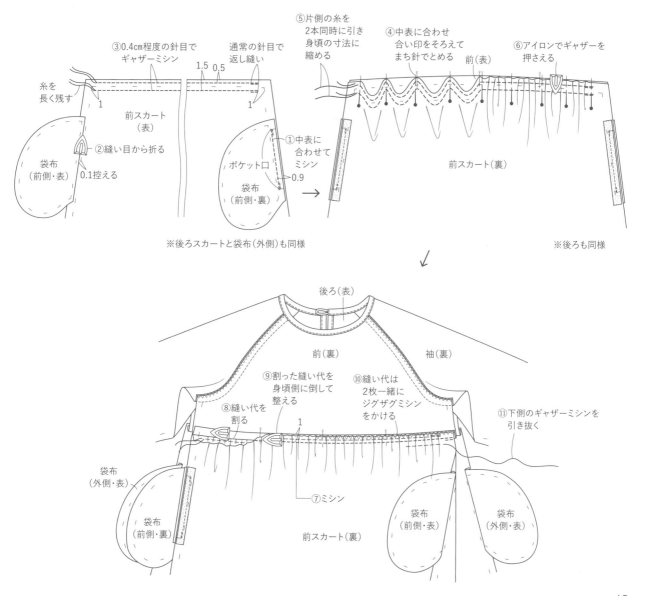

5. ポケット口を残して袖下と脇を続けて縫い、ポケットを作る

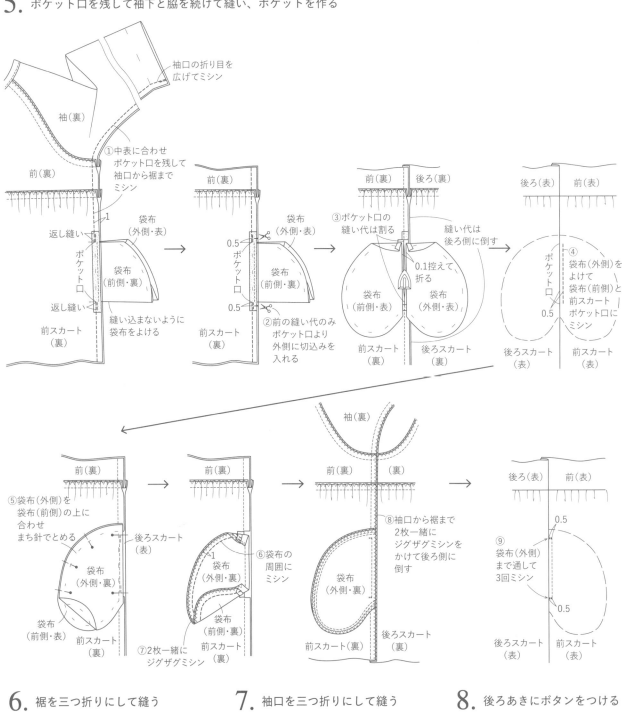

袖口の折り目を広げてミシン

袖（裏）

前（裏）

①中表に合わせポケット口を残して袖口から裾までミシン

1

返し縫い

ポケット口

返し縫い

前スカート（裏）

袋布（外側・表）

袋布（前側・裏）

縫い込まないように袋布をよける

前（裏）

0.5

ポケット口

0.5

袋布（外側・表）

袋布（前側・裏）

②前の縫い代のみポケット口より外側に切込みを入れる

前スカート（裏）

前（裏）　後ろ（裏）

③ポケット口の縫い代は割る

縫い代は後ろ側に倒す

0.1控えて折る

袋布（前側・表）

袋布（外側・表）

前スカート（裏）　後ろスカート（裏）

後ろ（表）　前（表）

④袋布（外側）をよけて袋布（前側）と前スカートポケット口にミシン

ポケット口

0.5

後ろスカート（表）　前スカート（表）

前（裏）

⑤袋布（外側）を袋布（前側）の上に合わせまち針でとめる

後ろスカート（表）

袋布（外側・裏）

袋布（前側・表）

前スカート（裏）

前（裏）

1

袋布（外側・裏）

⑥袋布の周囲にミシン

袋布（前側・裏）

前スカート（裏）

⑦2枚一緒にジグザグミシン

袖（裏）　（裏）

前（裏）

⑧袖口から裾まで2枚一緒にジグザグミシンをかけて後ろ側に倒す

袋布（外側・裏）

前スカート（裏）　後ろスカート（裏）

後ろ（表）　前（表）

0.5

⑨袋布（外側）まで通して3回ミシン

0.5

後ろスカート（表）　前スカート（表）

---

6. 裾を三つ折りにして縫う

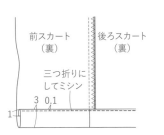

前スカート（裏）　後ろスカート（裏）

三つ折りにしてミシン

3　0.1

1

7. 袖口を三つ折りにして縫う

袖（裏）

三つ折りにしてミシン

2　0.1

1

8. 後ろあきにボタンをつける

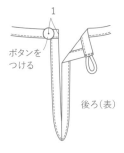

1

ボタンをつける

後ろ（表）

B

photo p. 05

ラグランスリーブドレス（半袖）

薄手のリネンで作った夏にさらりと1枚で着たいドレスです。
ダブルガーゼや花柄プリントで作ってもかわいいです。

実物大パターンは
A面にあります

[出来上り寸法]

サイズ	100	110	120	130	140
バスト	70cm	74cm	78cm	82cm	86cm
着丈	57.5cm	62.5cm	67.5cm	72.5cm	79.5cm
袖丈	16cm	18cm	20cm	22cm	24cm

[材料]　（左から　100/110/120/130/140サイズ）

・表布[プレドゥ / リネン先染めストライプ生地くたくたワッ
　シャー加工（オフホワイトにネイビー）]……120cm幅 150cm/160
　cm/160cm/180cm/190cm
・接着テープ（前ポケット口）……1.2cm幅 30cm
・ボタン……直径1cm 1個

[裁合せ図]

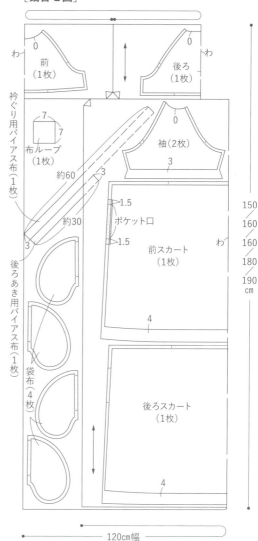

＊指定以外の縫い代は1cm
＊ ▨ は裏に接着テープをはる
＊数字は上から100/110/120/130/140サイズ

準備、**1〜8.** Aラグランスリーブドレス（長袖）と同様に縫う
→p.41〜44参照

7. 袖口を三つ折りにして縫う

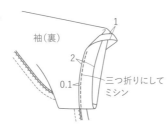

袖（裏）

1
2
0.1
三つ折りにして
ミシン

C

photo p.06

オープンカラージャンプスーツ（半袖）

目が詰まった綿麻ダンプ生地はほどよい張りがありシルエットがきれいに出ます。
1枚で着られるよう透けにくい生地がおすすめです。

実物大パターンは
B面にあります

［出来上り寸法］

サイズ	100	110	120	130	140
バスト	70cm	74cm	78cm	82cm	86cm
着丈	82cm	91cm	100cm	109cm	118cm
股下	30cm	36cm	42cm	48cm	54cm

［材料］ （左から 100/110/120/130/140サイズ）

・表布［生地の森／綿麻ダンプダメージダイド（ボルドー）］……
　140cm幅 120cm/130cm/140cm/160cm/170cm
・接着芯（見返し、表衿）……90cm幅 50cm
・ボタン……直径1.15cm 3個

［裁合せ図］

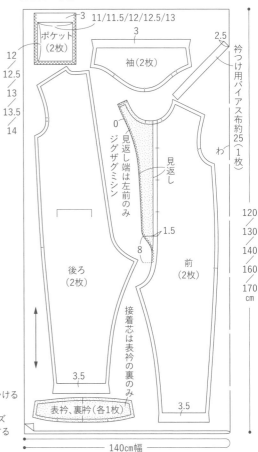

*指定以外の縫い代は1cm
* ▨ は裏に接着芯をはる
* 〰〰 はジグザグミシンをかける
*数字は上または左から
　100/110/120/130/140サイズ
*ポケットは布地に直接製図する

準備：バイアス布を作る　→p.54参照

1. ポケットを作り、つける　→p.55参照

2. 後ろ中心を縫う

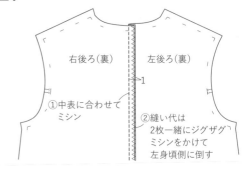

46

3. 前中心を縫い、前あきを作る

見返しの両肩と左前見返し端にジグザグミシンをかけておく。左右の見返しを前端で折る。

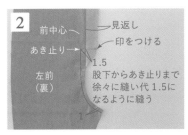

右前と左前を中表に合わせ、股ぐりをあき止りまで縫う。あき止りに印をつける。

縫い代は一度アイロンで割り、左前側に倒す。

左前見返しを前端で中表に折り返す。

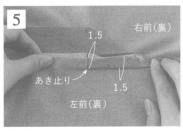

4で折った左前見返しを持ち上げて、まち針でとめる。

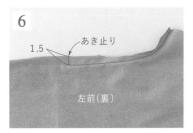

左前見返しのあき止りを縫う。この時、右前見返しまで一緒に縫わないように注意する。

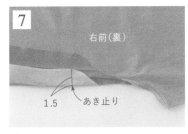

6を右前側から見たところ。

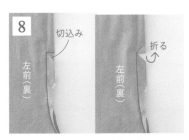

縫い代に斜めに切込みを入れ、アイロンで縫い目の際から折る。

8で折った部分を表に返す。目打ちを使って、角の縫い代をきれいに整える。

9を裏から見たところ。

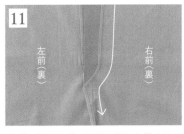

右前の見返し端に見返し肩から股ぐりの縫い代まで続けてジグザグミシンをかける。股ぐりの縫い代は左前側に倒す。

表からあき止りの持出し部分に3回とめミシンをかける。

4. 肩を縫う　→p.55参照

47

5. 衿を作る

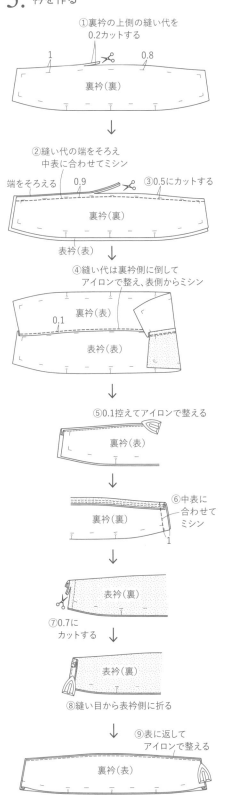

①裏衿の上側の縫い代を
0.2カットする

1   ✂   0.8

裏衿(裏)

↓

②縫い代の端をそろえ
中表に合わせてミシン

端をそろえる   0.9   ✂   ③0.5にカットする

裏衿(裏)

表衿(表)

↓

④縫い代は裏衿側に倒して
アイロンで整え、表側からミシン

裏衿(表)

0.1

表衿(表)

↓

⑤0.1控えてアイロンで整える

裏衿(表)

↓

⑥中表に
合わせて
ミシン

裏衿(裏)

1

↓

表衿(裏)

✂

⑦0.7に
カットする

↓

表衿(裏)

⑧縫い目から表衿側に折る

↓

⑨表に返して
アイロンで整える

裏衿(表)

6. 衿を前身頃と前見返しではさんで縫い、後ろ衿ぐりはバイアス布で始末する

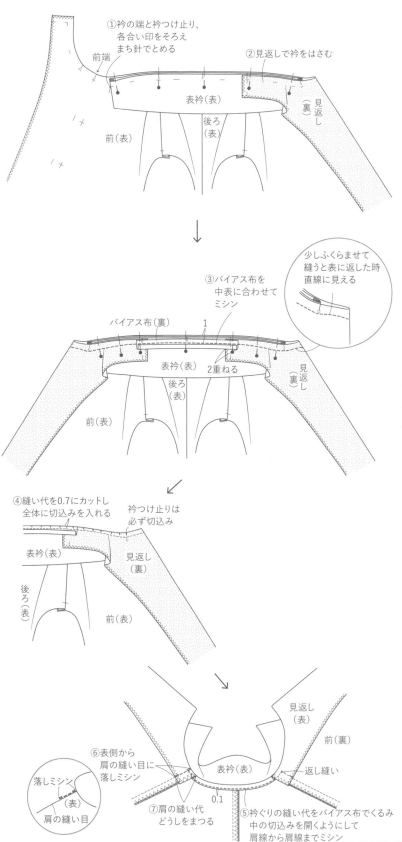

①衿の端と衿つけ止り、
各合い印をそろえ
まち針でとめる

前端

②見返しで衿をはさむ

表衿(表)

後ろ(表)

前(表)

(見返し裏)

↓

少しふくらませて
縫うと表に返した時
直線に見える

③バイアス布を
中表に合わせて
ミシン

バイアス布(裏)   1

表衿(表)

2重ねる

後ろ(表)

見返し(裏)

前(表)

↓

④縫い代を0.7にカットし
全体に切込みを入れる

衿つけ止りは
必ず切込み

表衿(表)

見返し(裏)

後ろ(表)

前(表)

↓

見返し(表)

前(裏)

表衿(表)

返し縫い

0.1

⑥表側から
肩の縫い目に
落しミシン

落しミシン

(表)

肩の縫い目

⑦肩の縫い代
どうしをまつる

⑤衿ぐりの縫い代をバイアス布でくるみ
中の切込みを開くようにして
肩線から肩線までミシン

7. 袖口をアイロンで三つ折りにする。袖をつける

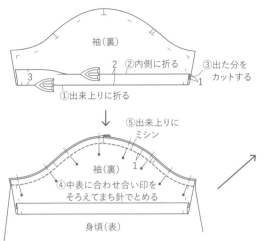

③出た分を
カットする
②内側に折る
①出来上りに折る
3
2
1

⑤出来上りに
ミシン
④中表に合わせ合い印を
そろえてまち針でとめる
袖（裏）
1
身頃（表）

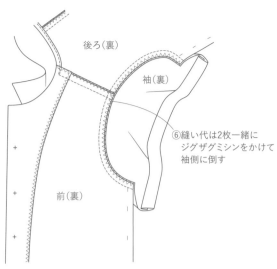

後ろ（裏）
袖（裏）
前（裏）
⑥縫い代は2枚一緒に
ジグザグミシンをかけて
袖側に倒す

8. 股下を縫い、裾をアイロンで三つ折りにする

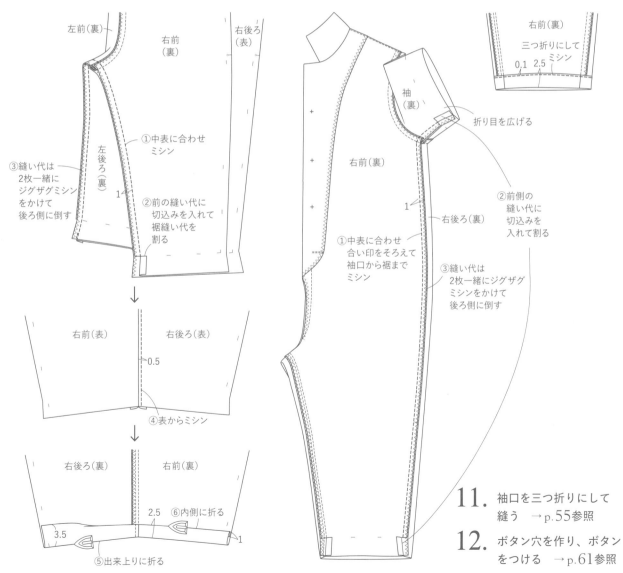

左前（裏）
右前（裏）
右後ろ（表）
①中表に合わせ
ミシン
③縫い代は
2枚一緒に
ジグザグミシン
をかけて
後ろ側に倒す
左後ろ（裏）
1
②前の縫い代に
切込みを入れて
裾縫い代を
割る

右前（表）
右後ろ（表）
0.5
④表からミシン

右後ろ（裏）
右前（裏）
2.5
⑥内側に折る
3.5
1
⑤出来上りに折る

9. 袖下と脇を続けて縫う

袖（裏）
右前（裏）
右後ろ（裏）
1
①中表に合わせ
合い印をそろえて
袖口から裾まで
ミシン
③縫い代は
2枚一緒にジグザグ
ミシンをかけて
後ろ側に倒す
折り目を広げる
②前側の
縫い代に
切込みを
入れて割る

10. 裾を三つ折りにして縫う

右前（裏）
三つ折りにして
ミシン
0.1 2.5

11. 袖口を三つ折りにして縫う →p.55参照

12. ボタン穴を作り、ボタンをつける →p.61参照

49

D

photo p.07

オープンカラージャンプスーツ（長袖）

1枚で着映えするおしゃれなシャンプスーツ。ゆったりとしながらも
裾に向かってテーパードしたこだわりのシルエットです。

［出来上り寸法］

サイズ	100	110	120	130	140
バスト	70cm	74cm	78cm	82cm	86cm
着丈	82cm	91cm	100cm	109cm	118cm
股下	30cm	36cm	42cm	48cm	54cm

［材料］（左から　100/110/120/130/140サイズ）

・表布［プレドゥ / コットンリネンペンシルストライプ（ネイビー）］
　……110cm幅 190cm/210cm/230cm/240cm/260cm
・接着芯（見返し、表衿）……90cm幅 50cm
・ボタン …… 直径1.15cm 3個

実物大パターンは
B面にあります

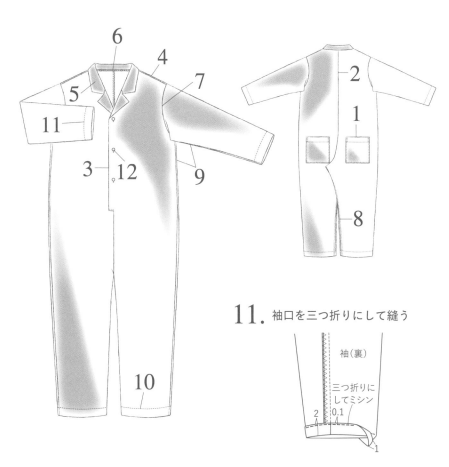

11. 袖口を三つ折りにして縫う

袖（裏）

三つ折りに
してミシン

準備、**1〜12.** オープンカラージャンプスーツ（半袖）と同様に縫う
→p.46〜49参照

［裁合せ図］

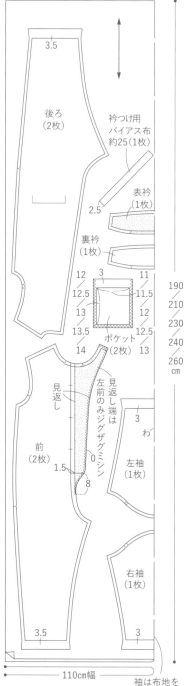

後ろ（2枚）

衿つけ用
バイアス布
約25（1枚）

表衿（1枚）

裏衿（1枚）

ポケット（2枚）

見返し

見返し端は
左前のみジグザグミシン

前（2枚）

左袖（1枚）

右袖（1枚）

わ

190 / 210 / 230 / 240 / 260 cm

110cm幅

袖は布地を
開いてとる

*指定以外の縫い代は1cm
* ▨ は裏に接着芯をはる
* 〜〜 はジグザグミシンをかける
*数字は上から100/110/120/130/140サイズ
*ポケットは布地に直接製図する

E

photo p.08

タックスカート

タックが生み出す布の重なりが美しいスカート。
薄地〜普通地の生地幅が広い布がおすすめです。

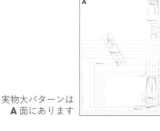

実物大パターンは
A面にあります

［出来上り寸法］

サイズ	100	110	120	130	140
ウエスト	46cm	50cm	54cm	58cm	62cm
スカート丈	52.5cm	55.5cm	58.5cm	61.5cm	65.5cm

［材料］（左から 100/110/120/130/140サイズ）

・表布［生地の森 / ワイド幅ベルギーリネン 1/60番手ナチュラル染め
　タンブラー仕上げ（シルバーグレー）］……142cm幅 130cm/140cm
　/140cm/150cm/160cm（140サイズは布幅146㎝以上を使用す
　るか、220cm用意して後ろ中心をはぐ）
・接着芯（ベルト）……90cm幅 15cm
・接着テープ（前スカートポケット口、後ろベルトのボタン穴、ボタ
　ン位置）……1.2cm幅 45cm
・ボタン……直径1.15cm 6個
・ボタンホールゴムテープ……2.5cm幅 26cm/28cm/30cm/32cm/
　34cm

［裁合せ図］

接着テープを重ねてはる

後ろベルト（1枚）

前ベルト（1枚）

1.5

前スカート
（1枚）

袋布
（2枚）

脇布
（2枚）

4

後ろスカート
（1枚）

わ

4

130
140
140
150
160
cm

142cm幅
（140サイズは146cm幅以上）

＊指定以外の縫い代は1cm
＊□□□は裏に接着芯または接着テープをはる
＊wwwwはジグザグミシンをかける
＊数字は上から100/110/120/130/140サイズ

3　7　2　5　1　4　6

1. 前後スカートのタックを折る

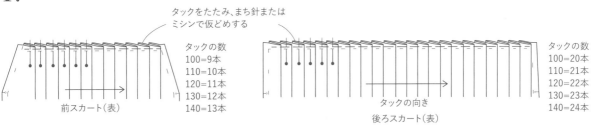

タックをたたみ、まち針または
ミシンで仮どめする

前スカート（表）

タックの数
100＝9本
110＝10本
120＝11本
130＝12本
140＝13本

タックの向き

後ろスカート（表）

タックの数
100＝20本
110＝21本
120＝22本
130＝23本
140＝24本

2. 脇ポケットを作る　※わかりやすいようにタックを割愛しています

前スカートと袋布を中表に重ねて布端をそろえ、ポケット口を縫う。あき止りの縫い代に切込みを入れる。

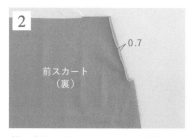

縫い代を0.7cmにカットし、ポケット口を縫い目から前スカート側にアイロンで折る。

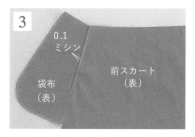

袋布を表に広げ、ポケット口を袋布側に少し控えてアイロンで整える。前スカートをよけて袋布と縫い代だけにミシンをかける。

袋布に脇布を外表に重ね、外回りをまち針でとめる。

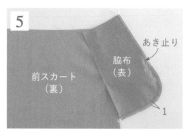

袋布と脇布の周囲をあき止りまで縫う。

5の縫い代をアイロンで折り、裏に返す。あき止りから上を出来上りに折る。

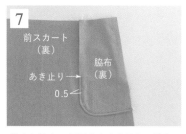

袋布と脇布の周囲をあき止りまで縫う。

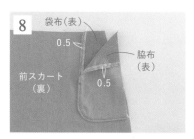

袋布と脇布の縫い代のあき止りから上をそれぞれ縫う。

出来上り。表から見たところ。

3. 前後のベルトを作り、前スカートに前ベルトをつける

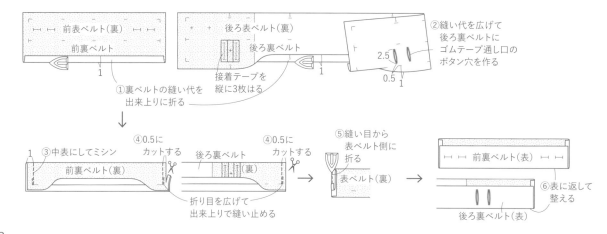

3. の続き

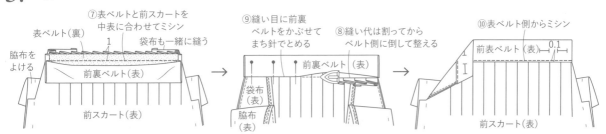

表ベルト(裏)
⑦表ベルトと前スカートを中表に合わせてミシン
袋布も一緒に縫う
脇布をよける
1
前裏ベルト(表)
前スカート(表)

⑨縫い目に前裏ベルトをかぶせてまち針でとめる
⑧縫い代は割ってからベルト側に倒して整える
前裏ベルト(表)
袋布(表)
脇布(表)

⑩表ベルト側からミシン
0.1
前表ベルト(表)
前スカート(表)

4. 脇を縫う

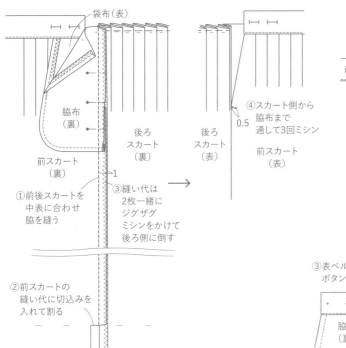

袋布(表)
脇布(裏)
前スカート(裏)
①前後スカートを中表に合わせ脇を縫う
②前スカートの縫い代に切込みを入れて割る
1
③縫い代は2枚一緒にジグザグミシンをかけて後ろ側に倒す
後ろスカート(裏)

後ろスカート(表)
前スカート(表)
0.5
④スカート側から脇布まで通して3回ミシン

5. 後ろスカートに後ろベルトをつけ、後ろ裏ベルトにボタンをつけてゴムテープを通してとめる

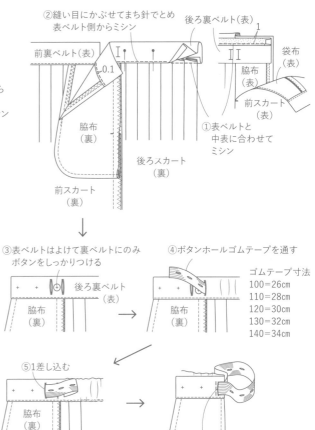

②縫い目にかぶせてまち針でとめ表ベルト側からミシン
前裏ベルト(表)
0.1
脇布(裏)
前スカート(裏)
後ろスカート(裏)

後ろ裏ベルト(表)
1
袋布(表)
脇布(表)
前スカート(表)
①表ベルトと中表に合わせてミシン

③表ベルトはよけて裏ベルトにのみボタンをしっかりつける
後ろ裏ベルト(表)
脇布(裏)

④ボタンホールゴムテープを通す
脇布(裏)

ゴムテープ寸法
100＝26cm
110＝28cm
120＝30cm
130＝32cm
140＝34cm

⑤1差し込む
脇布(裏)

⑥差し込んだゴムテープとボタン穴の際に3回ミシンでとめる

6. 裾を三つ折りにして縫う

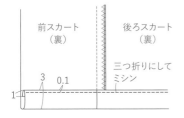

前スカート(裏)
後ろスカート(裏)
三つ折りにしてミシン
3
0.1
1

7. 前ベルトにボタン穴を作り、後ろベルトにボタンをつける

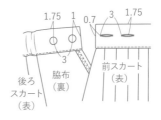

1.75　1　0.7　3　1.75
3
後ろスカート(表)
脇布(裏)
前スカート(表)

53

G

オープンカラーシャツ（半袖）

リネンや花柄など色々な生地で作っていただきたいシャツです。パンツにもスカートにも相性がよく、男の子にも女の子にもおすすめです。

実物大パターンは
B面にあります

［出来上り寸法］

サイズ	100	110	120	130	140
バスト	78cm	82cm	86cm	90cm	94cm
着丈	37cm	40cm	43cm	46cm	50cm
袖丈	10.5cm	11cm	12cm	12.5cm	13.5cm

［材料］（左から　100/110/120/130/140サイズ）

・（左）表布［CHECK&STRIPE / コットンパピエ（ホワイト）］……105cm幅 110cm/110cm/120cm/130cm/130cm
・（中央）表布［CHECK&STRIPE / コットンプリント フロリエット（ミスティピンク）］……110cm幅（プリント有効幅105cm）110cm/110cm/120cm/130cm/130cm
・（右）表布［プレドゥ / フレンチピュアリネン生地 無地3 ワッシャー加工（ブラック）］……110cm幅 110cm/110cm/120cm/130cm/130cm
・接着芯（見返し、表衿）……90cm幅 50cm/50cm/60cm/60cm/60cm
・ボタン……直径1.15cm 3個

［裁合せ図］

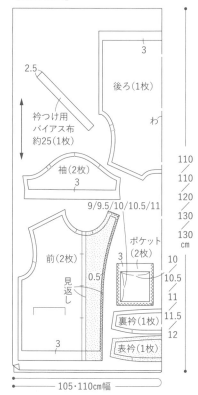

*指定以外の縫い代は1cm
* ▨ は裏に接着芯をはる
*〜〜〜 はジグザグミシンをかける
*数字は上または左から
　100/110/120/130/140サイズ
*ポケットは布地に直接製図する

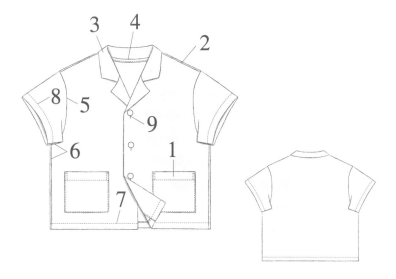

準備：バイアス布を作る

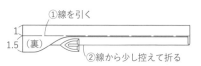

①線を引く
②線から少し控えて折る

1. ポケットを作り、つける

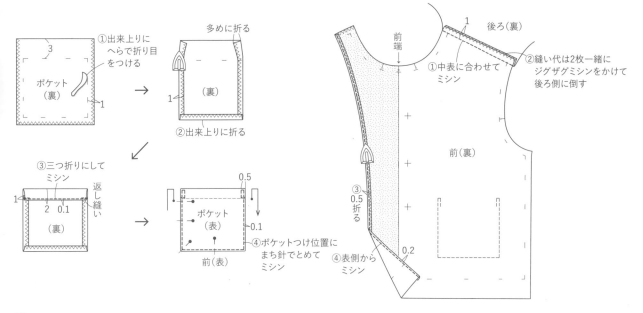

①出来上りにへらで折り目をつける

多めに折る

ポケット（裏）

3

1

（裏）

②出来上りに折る

1

③三つ折りにしてミシン

返し縫い

1

2　0.1

（裏）

0.5

ポケット（表）

0.1

前（表）

④ポケットつけ位置にまち針でとめてミシン

2. 肩を縫う。見返し端を二つ折りにして縫う

前端

1

後ろ（裏）

①中表に合わせてミシン

②縫い代は2枚一緒にジグザグミシンをかけて後ろ側に倒す

③0.5折る

前（裏）

0.2

④表側からミシン

3. 衿を作る　→p.48参照

4. 衿を前身頃と見返しではさんで縫い、後ろ衿ぐりはバイアス布で始末する　→p.48参照

5. 袖口をアイロンで三つ折りにする。袖をつける　→p.49参照

6. 袖下と脇を続けて縫う　→p.49参照

7. 裾を三つ折りにして縫う

8. 袖口を三つ折りにして縫う

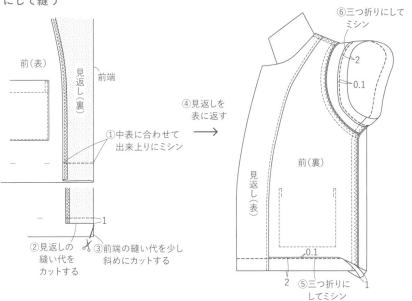

前（表）

見返し（裏）

前端

①中表に合わせて出来上りにミシン

②見返しの縫い代をカットする

1

③前端の縫い代を少し斜めにカットする

④見返しを表に返す

⑥三つ折りにしてミシン

2

0.1

見返し（裏）

見返し（表）

前（裏）

0.1

2　⑤三つ折りにしてミシン

1

9. ボタン穴を作り、ボタンをつける　→p.61参照

V

photo p.34

オープンカラーシャツ（長袖）

1枚は持っておきたいオープンカラーシャツは、ポケットつきで便利なデザインです。
長袖は少し厚手の生地で作ればちょっとしたはおりにもなります。

［出来上り寸法］

サイズ	100	110	120	130	140
バスト	78cm	82cm	86cm	90cm	94cm
着丈	37cm	40cm	43cm	46cm	50cm
袖丈	26.5cm	30.5cm	35cm	39cm	43.5cm

［材料］（左から　100/110/120/130/140サイズ）

・表布［APUHOUSE FABRIC / 洗いをかけた先染めリネン ハウンドトゥース hw
　加工（チャコールグレー）］……120cm幅 90cm/100cm/110cm/120cm/140cm
・接着芯（見返し、表衿）……90cm幅 50cm/50cm/60cm/60cm/60cm
・ボタン……直径1.15cm 3個

［裁合せ図］

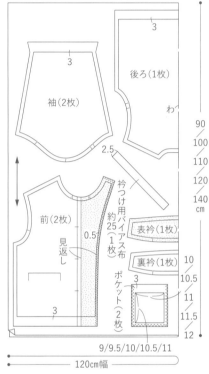

*指定以外の縫い代は1cm
* ▨ は裏に接着芯をはる
* 〜〜〜はジグザグミシンをかける
*数字は上または左から
　100/110/120/130/140サイズ
*ポケットは布地に直接製図する

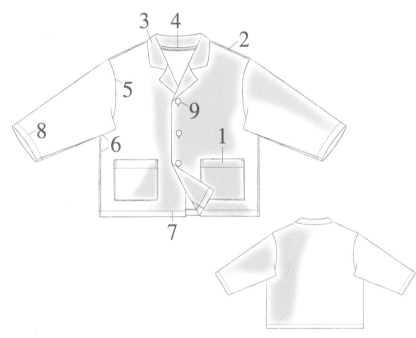

準備、**1〜9.** Gオープンカラーシャツ（半袖）と同様に縫う
　　　　→p.54,55参照

8. 袖口を三つ折りにして縫う

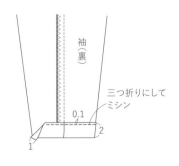

袖（裏）

三つ折りにして
ミシン

0.1

F

photo p.10

ラウンドカラードレス

ラグランスリーブのAラインシルエットのドレスです。丸衿のおかげで
きちんとした印象になるので特別なお出かけにもおすすめです。

実物大パターンは
C面にあります

[出来上り寸法]

サイズ	100	110	120	130	140
バスト	84cm	88cm	92cm	96cm	100cm
着丈	52cm	58cm	64cm	70cm	78cm
袖丈	34cm	38.5cm	42.5cm	47cm	51.5cm

[材料]　（左から　100/110/120/130/140サイズ）

・ 表布［デコレクションズ /Berry berry］……110cm幅 170cm/
　190cm/200cm/220cm/240cm
・ ゴムテープ……6コール 30cm/31cm/32cm/33cm/34cm
・ ボタン……直径1cm 1個

[裁合せ図]

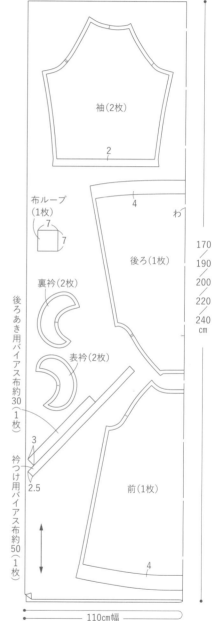

後ろあき用バイアス布約30（1枚）

衿つけ用バイアス布約50（1枚）

袖(2枚)

2

布ループ
(1枚)

7

7

4

わ

後ろ(1枚)

裏衿(2枚)

表衿(2枚)

3

2.5

前(1枚)

4

170
190
200
220
240
cm

110cm幅

＊指定以外の縫い代は1cm
＊数字は上から100/110/120/130/140サイズ

3

4

2

7

5

6

8

2

1

準備：バイアス布を作る　→p.41参照

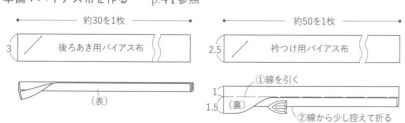

── 約30を1枚 ──

3　　後ろあき用バイアス布

（表）

── 約50を1枚 ──

2.5　　衿つけ用バイアス布

①線を引く
1
1.5
（裏）
②線から少し控えて折る

1. 後ろあきを作る　→ p.42参照 → p.42参照

2. 袖口をアイロンで三つ折りにする。前後身頃に袖をつけ、衿ぐりにギャザーミシンをかける

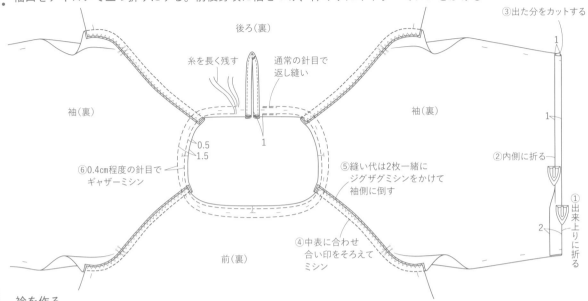

後ろ（裏）

糸を長く残す

通常の針目で返し縫い

③出た分をカットする

袖（裏）

袖（裏）

0.5
1.5

⑥0.4cm程度の針目でギャザーミシン

⑤縫い代は2枚一緒にジグザグミシンをかけて袖側に倒す

②内側に折る

①出来上りに折る

④中表に合わせ合い印をそろえてミシン

前（裏）

3. 衿を作る

1

裏衿（表）

0.2

裏衿の縫い代を 0.2cm カットする。

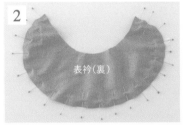

2

表衿（裏）

表衿と裏衿を中表に重ね、衿の外回りを合わせてまち針でとめる。

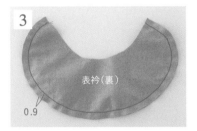

3

表衿（裏）

0.9

衿の外回りを 0.9cm で縫う。

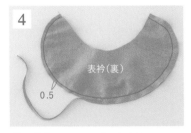

4

表衿（裏）

0.5

縫い代を 0.5cm にカットする。

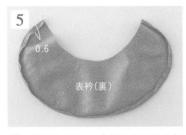

5

0.6

表衿（裏）

縫い目から 0.1cm 内側のところで表衿側にアイロンで折る。

6

裏衿（表）

0.1

外表に返し、アイロンで整える。この時裏衿側が 0.1cm 控えられている。

7

表衿をよけ、裏衿と縫い代だけにミシンをかける。カーブがきついので少しずつ縫う。

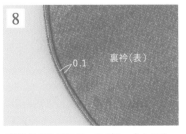

8

0.1

裏衿（表）

裏衿側のみにステッチが入ったところ。

9

裏衿（表）

アイロンで整えて出来上り。

4. 衿ぐりにギャザーを寄せ、衿とバイアス布をつける。布ループを作り（→p.67参照）、後ろあきにはさんで縫い代をバイアス布で始末する

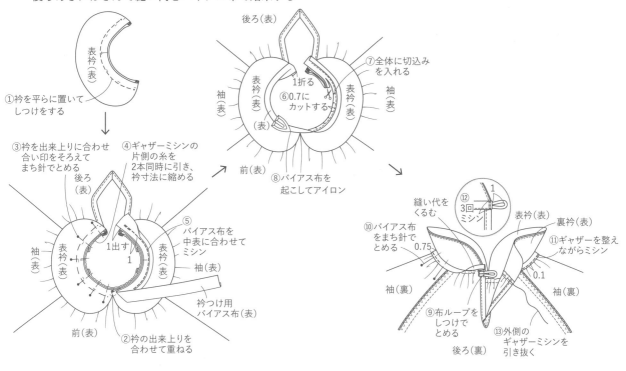

①衿を平らに置いてしつけをする

③衿を出来上りに合わせ合い印をそろえてまち針でとめる

④ギャザーミシンの片側の糸を2本同時に引き、衿寸法に縮める

⑤バイアス布を中表に合わせてミシン

②衿の出来上りを合わせて重ねる

表衿（表）
後ろ（表）
袖（表）
1出す
1
前（表）
衿つけ用バイアス布（表）

後ろ（表）
表衿（表）
⑥0.7にカットする
1折る
⑦全体に切込みを入れる
袖（表）
前（表）
⑧バイアス布を起こしてアイロン

縫い代をくるむ
⑫3回ミシン
1
表衿（表）
裏衿（表）
⑩バイアス布をまち針でとめる
0.75
⑪ギャザーを整えながらミシン
0.1
袖（裏）
1
⑨布ループをしつけでとめる
⑬外側のギャザーミシンを引き抜く
後ろ（裏）

5. 袖口にゴムテープ通し口を残して袖下と脇を続けて縫う

6. 裾を三つ折りにして縫う

7. 袖口を三つ折りにして縫い、ゴムテープを通す

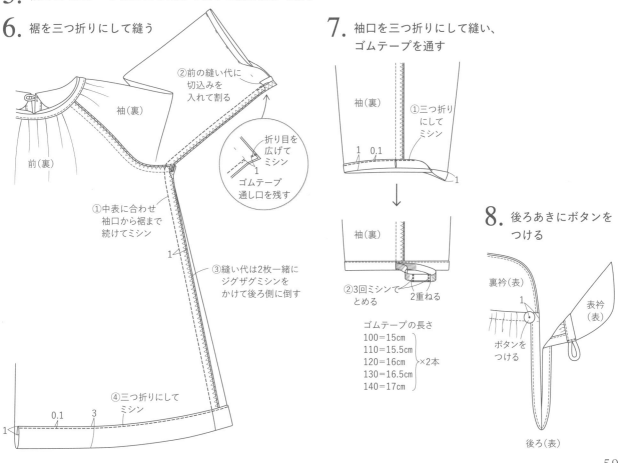

②前の縫い代に切込みを入れて割る
袖（裏）
前（裏）

折り目を広げてミシン
1
ゴムテープ通し口を残す

①中表に合わせ袖口から裾まで続けてミシン
1
③縫い代は2枚一緒にジグザグミシンをかけて後ろ側に倒す

④三つ折りにしてミシン
0.1 3
1

袖（裏）
①三つ折りにしてミシン
1 0.1

袖（裏）
③3回ミシンでとめる
2重ねる

ゴムテープの長さ
100＝15cm
110＝15.5cm
120＝16cm ×2本
130＝16.5cm
140＝17cm

8. 後ろあきにボタンをつける

裏衿（表）
表衿（表）
1
ボタンをつける
後ろ（表）

H

photo p.14

ポケットシャツ

小さな胸ポケットがついたシンプルなシャツです。並んだ後ろボタンがかわいいデザインで、男の子にも女の子にも似合います。

実物大パターンは
E面にあります

[出来上り寸法]

サイズ	100	110	120	130	140
バスト	66cm	70cm	74cm	78cm	82cm
着丈	34cm	37cm	40cm	43cm	47cm

[材料] （左から 100/110/120/130/140サイズ）

・表布[APUHOUSE FABRIC / 先染めフレンチリネン リィフレッシィンチェック（ブラック）]……143cm幅 50cm/50cm/60cm/60cm/70cm

・ボタン……直径1.15cm 4個

[裁合せ図]

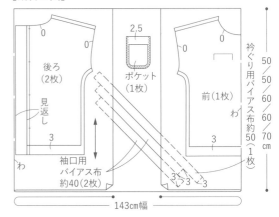

*指定以外の縫い代は1cm
*ｗｗｗｗはジグザグミシンをかける
*数字は上から100/110/120/130/140サイズ

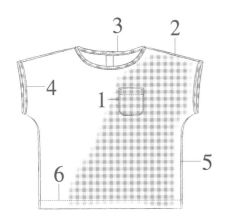

1. ポケットを作り、つける

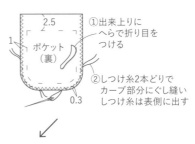

①出来上りにへらで折り目をつける

②しつけ糸2本どりでカーブ部分にぐし縫いしつけ糸は表側に出す

多めに折る

③糸を引いて丸くしアイロンで出来上りに折る余分な糸はカットする

④三つ折りにしてミシン

返し縫い

⑤ポケットつけ位置にまち針でとめてミシン

左前（表）

準備：バイアス布を作る →p.41参照

衿ぐり用約50を1枚
袖口用約40を2枚

衿ぐり用、袖口用バイアス布

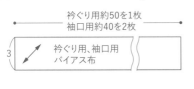

2. 肩を縫う。見返しを三つ折りにする

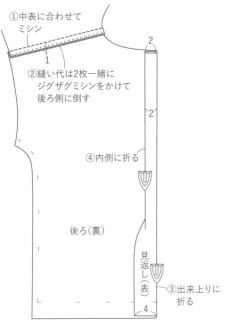

①中表に合わせて
ミシン

②縫い代は2枚一緒に
ジグザグミシンをかけて
後ろ側に倒す

④内側に折る

後ろ(裏)

見返し(表)

③出来上りに
折る

3. 衿ぐりをバイアス布でくるむ

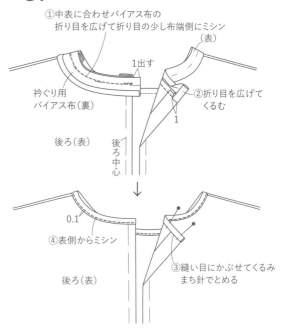

①中表に合わせバイアス布の
折り目を広げて折り目の少し布端側にミシン
(表)

1出す

衿ぐり用
バイアス布(裏)

②折り目を広げて
くるむ

後ろ(表)

後ろ中心

0.1

④表側からミシン

後ろ(表)

③縫い目にかぶせてくるみ
まち針でとめる

4. 袖口をバイアス布でくるむ

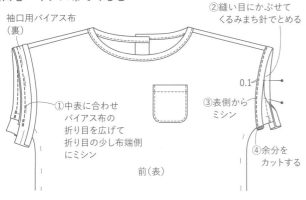

②縫い目にかぶせて
くるみまち針でとめる

袖口用バイアス布
(裏)

①中表に合わせ
バイアス布の
折り目を広げて
折り目の少し布端側
にミシン

前(表)

0.1

③表側から
ミシン

④余分を
カットする

5. 袖口から脇を続けて縫う。袖口の縫い代をとめる

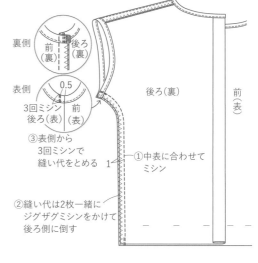

裏側

前(裏) 後ろ(裏)

表側

0.5

3回ミシン

後ろ(表) 前(表)

③表側から
3回ミシンで
縫い代をとめる

後ろ(裏)

前(表)

①中表に合わせて
ミシン

②縫い代は2枚一緒に
ジグザグミシンをかけて
後ろ側に倒す

6. 裾を三つ折りにして縫う

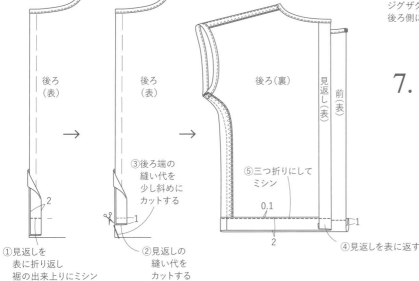

後ろ(表)

→

後ろ(表)

③後ろ端の
縫い代を
少し斜めに
カットする

→

後ろ(裏)

見返し(表)

前(表)

⑤三つ折りにして
ミシン

0.1

2

①見返しを
表に折り返し
裾の出来上りにミシン

②見返しの
縫い代を
カットする

④見返しを表に返す

7. ボタン穴を作り、ボタンをつける

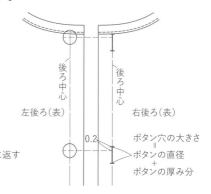

後ろ中心

左後ろ(表)

後ろ中心

右後ろ(表)

0.2

ボタン穴の大きさ
=
ボタンの直径
+
ボタンの厚み分

61

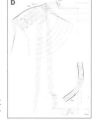

I

photo p. 16

スタンドカラードレス

裾に向かって布が広がる美しいシルエットのマキシ丈ドレスです。衿ぐりと袖口にたっ
ぷりとギャザーを寄せます。リバティタナローンのような薄手の生地がおすすめです。

実物大パターンは
D 面にあります

[出来上り寸法]

サイズ	100	110	120	130	140
バスト	132cm	136cm	140cm	144cm	148cm
着丈	78cm	84cm	90cm	96cm	104cm
袖丈	31cm	35cm	39cm	43.5cm	47.5cm

[材料]（左から　100/110/120/130/140 サイズ）

・表布[CHECK&STRIPE / リバティプリント Chive ◎J11F（あずき
　ミルク系）]……108cm幅 220cm/240cm/250cm/290cm/320cm
・接着芯（表衿、裏衿、カフス）……90cm幅 30cm
・ボタン …… 直径1cm 5個

[裁合せ図]

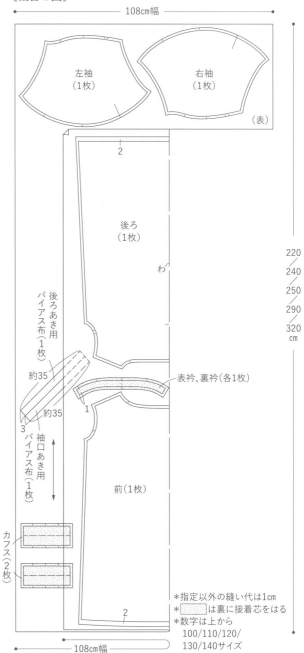

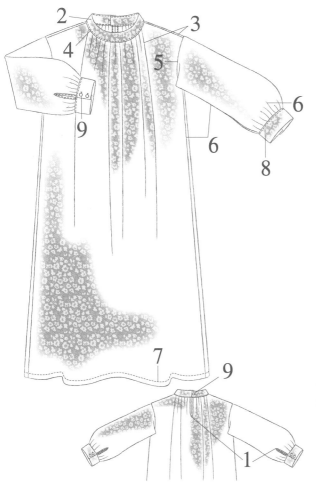

準備：バイアス布を作る
　　　→p.41参照

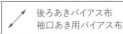

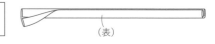

1. 後ろあき、袖口あきを作る　→p.42参照

2. 衿を作る

①裏衿の上側の縫い代を0.2カットする

1　0.8

裏衿(裏)

②衿つけ側を出来上りに折る

③縫い代の端をそろえ中表に合わせてミシン

端をそろえる　0.9　④0.5にカットする　1

表衿(表)

⑤縫い代は裏衿側に倒しアイロンで整え表側からミシン

0.1　裏衿(表)

表衿(表)

⑥0.1控えて整える

裏衿(表)

表衿(裏)

⑦中表に合わせ裏衿の折り目を広げてミシン

1　出来上りで縫い止める　1

表衿(表)　裏衿(裏)

⑧0.7にカットする

表衿(裏)

⑨縫い目から表衿側に折る

⑩表に返して全体をアイロンで整える

0.1　裏衿(表)

表衿(裏)

4. 衿ぐりにギャザーを寄せ、衿をつける

①片側の糸を2本同時に引き衿寸法に縮める

後ろ(裏)

②アイロンでギャザーを押さえる

前(裏)

③表衿と中表に合わせてミシン

④縫い代を一度割り、割った縫い代を衿側に倒して整える

1　表衿(裏)

左後ろあきの端から持出しを出す

右後ろ身頃の端と衿の端を合わせる

後ろ(表)　前(表)　裏衿(表)

⑤持出しの縫い代を出来上りに折り込む

表衿(表)　裏衿(表)

⑦表衿側からミシン　0.1

前(裏)

⑧外側のギャザーミシンを引き抜く

⑥裏衿を縫い目にかぶせてまち針でとめる

後ろ(表)

3. 衿ぐりにギャザーミシンをかけ、肩を縫う

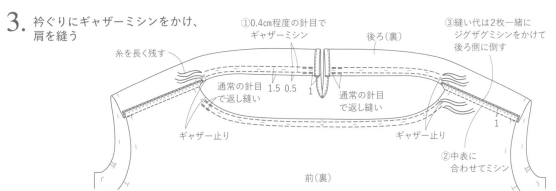

糸を長く残す

①0.4cm程度の針目でギャザーミシン

後ろ(裏)

③縫い代は2枚一緒にジグザグミシンをかけて後ろ側に倒す

通常の針目で返し縫い　1.5　0.5　通常の針目で返し縫い

ギャザー止り　ギャザー止り

②中表に合わせてミシン

1

前(裏)

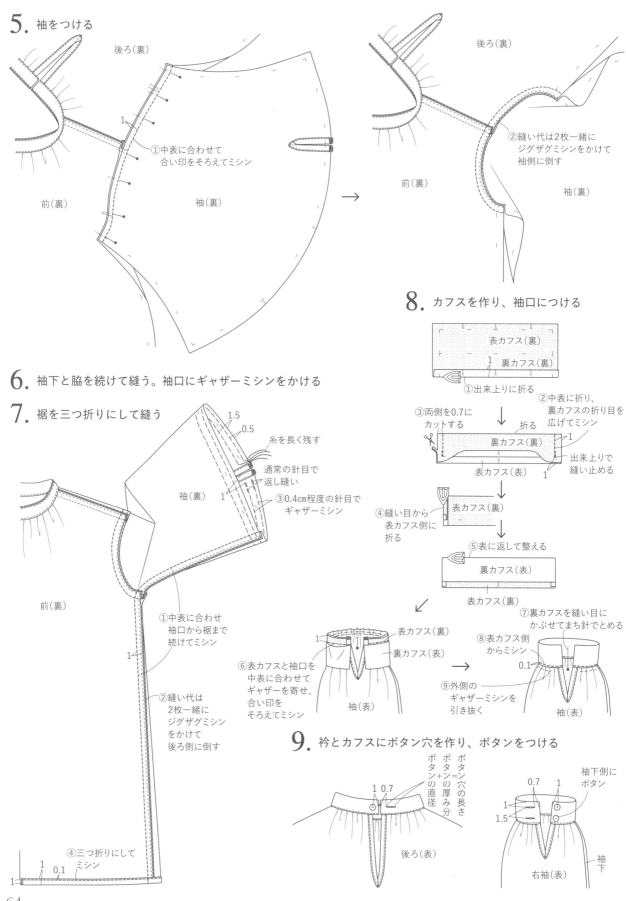

5. 袖をつける

後ろ(裏)

①中表に合わせて合い印をそろえてミシン

1

前(裏) 袖(裏)

→

後ろ(裏)

②縫い代は2枚一緒にジグザグミシンをかけて袖側に倒す

前(裏) 袖(裏)

6. 袖下と脇を続けて縫う。袖口にギャザーミシンをかける

7. 裾を三つ折りにして縫う

1.5
0.5
糸を長く残す
通常の針目で返し縫い
③0.4cm程度の針目でギャザーミシン

袖(裏)
1

前(裏)

①中表に合わせ袖口から裾まで続けてミシン

1

②縫い代は2枚一緒にジグザグミシンをかけて後ろ側に倒す

④三つ折りにしてミシン

1　0.1　1

8. カフスを作り、袖口につける

表カフス(裏)
裏カフス(裏)
1

①出来上りに折る

③両側を0.7にカットする
②中表に折り、裏カフスの折り目を広げてミシン
折る

裏カフス(裏)
表カフス(表)
1
出来上りで縫い止める
1

④縫い目から表カフス側に折る

表カフス(裏)

⑤表に返して整える

裏カフス(表)
表カフス(裏)

⑥表カフスと袖口を中表に合わせてギャザーを寄せ、合い印をそろえてミシン

表カフス(裏)
裏カフス(表)
1
袖(表)

⑦裏カフスを縫い目にかぶせてまち針でとめる
⑧表カフス側からミシン
0.1
⑨外側のギャザーミシンを引き抜く

袖(表)

9. 衿とカフスにボタン穴を作り、ボタンをつける

ボタン穴の長さ＝ボタンの直径＋ボタンの厚み分

1　0.7

後ろ(表)

袖下側にボタン
0.7　1
1
1.5
右袖(表)
袖下

J

photo p.18

ティアードドレス

生地を贅沢に使用して作る女の子にぴったりのドレスです。
柔らかく、生地幅が広い布を選んでください。

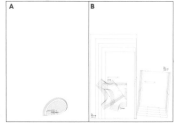

実物大パターンは
A,B 面にあります

［出来上り寸法］

サイズ	100	110	120	130	140
バスト	67cm	71cm	75cm	79cm	83cm
着丈	61cm	67cm	73cm	79cm	87cm

［材料］（左から　100/110/120/130/140 サイズ）

・(左) 表布［デコレクションズ / Lace flower］……155cm 幅 140cm/
150cm/160cm/170cm/190cm
・(右) 表布［生地の森 /80/1 番手 コットンシフォンジョーゼット
（サックスブルー）］……150cm 幅 140cm/150cm/160cm/170cm
/190cm（140 サイズは布幅 154cm 以上を使用する）
・接着テープ（前ポケット口）……1.2cm 幅 30cm
・ボタン …… 直径 1cm 1 個

［裁合せ図］

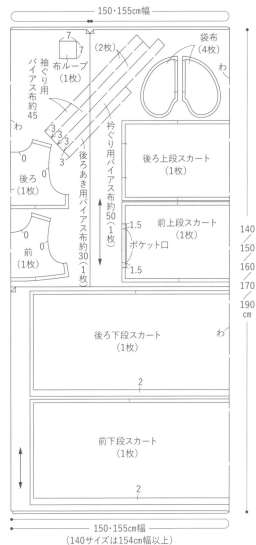

＊指定以外の縫い代は1cm
＊〔　　　〕は裏に接着テープをはる
＊数字は上から100/110/120/130/140サイズ

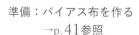

準備：バイアス布を作る
　　　→p.41参照

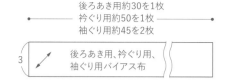

後ろあき用約30を1枚
衿ぐり用約50を1枚
袖ぐり用約45を2枚

3　後ろあき用、衿ぐり用、
　　袖ぐり用バイアス布

（表）

1. 後ろあきを作る　→p.42参照

2. 肩を縫う

②縫い代は2枚一緒に
ジグザグミシンをかけて
後ろ側に倒す

1

①中表に
合わせて
ミシン

後ろ（表）

前（裏）

3. 布ループを作る　→p.67参照

4. 後ろあきに布ループをはさみ、
衿ぐりをバイアス布でくるむ　→p.43参照

5. 袖ぐりをバイアス布でくるむ

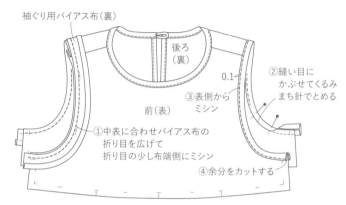

袖ぐり用バイアス布（裏）

後ろ（裏）

前（表）

0.1

②縫い目に
かぶせてくるみ
まち針でとめる

③表側から
ミシン

①中表に合わせバイアス布の
折り目を広げて
折り目の少し布端側にミシン

④余分をカットする

6. 前後上段スカートに袋布をつける。上下段スカートにギャザーを寄せ、
前後それぞれ縫い合わせる。前後身頃と前後スカートをそれぞれ縫い合わせる　→p.43参照

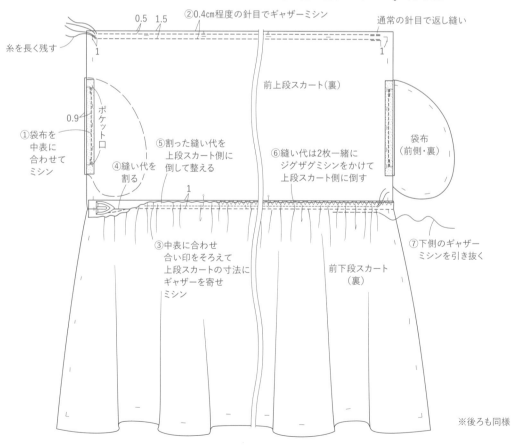

0.5　1.5　②0.4cm程度の針目でギャザーミシン

通常の針目で返し縫い

糸を長く残す

1

1

0.9

ポケット口

①袋布を
中表に
合わせて
ミシン

④縫い代を
割る

⑤割った縫い代を
上段スカート側に
倒して整える

前上段スカート（裏）

⑥縫い代は2枚一緒に
ジグザグミシンをかけて
上段スカート側に倒す

袋布
（前側・裏）

1

③中表に合わせ
合い印をそろえて
上段スカートの寸法に
ギャザーを寄せ
ミシン

前下段スカート
（裏）

⑦下側のギャザー
ミシンを引き抜く

※後ろも同様

3. 布ループを作る

1

7×7cmの布ループ用の布を中表に三角に折る。

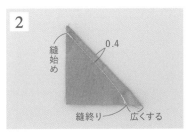

2

0.4cm幅にミシンをかけ、縫終りは縫い代幅を広くする。縫始めと縫終りは返し縫いをする。

縫始め
0.4
縫終り　広くする

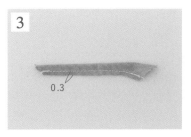

3

縫い代を0.3cmにカットする。

0.3

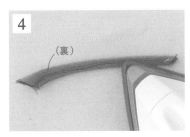

4

縫い代を縫い目の際からアイロンで折る。

（裏）

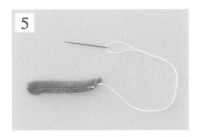

5

針に糸を通して2本どりにし、玉結びする。縫終りに刺し、針の穴側を先にして中にくぐらせ、糸を引いて表に返す。

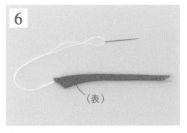

6

表に返したところ。このあと5cmにカットしてループ状に折る。

（表）

7. ポケット口を残して脇を縫う。ポケットを作る
→p.44参照

8. 裾を三つ折りにして縫う。袖ぐりの脇縫い代をとめる

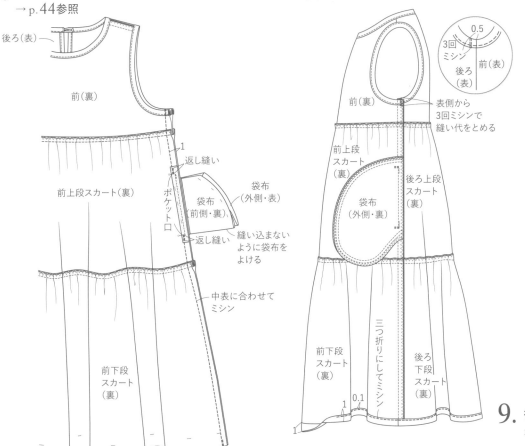

後ろ（表）
前（裏）
前上段スカート（裏）
ポケット口
1　返し縫い
返し縫い
袋布（前側・裏）
袋布（外側・表）
縫い込まないように袋布をよける
中表に合わせてミシン
前下段スカート（裏）

0.5
3回ミシン
後ろ（表）　前（表）
前（裏）
表側から3回ミシンで縫い代をとめる
前上段スカート（裏）
後ろ上段スカート（裏）
袋布（外側・裏）
三つ折りにしてミシン
前下段スカート（裏）
後ろ下段スカート（裏）
1　0.1
1

9. 後ろあきにボタンをつける
→p.44参照

K

フレンチスリーブブラウス

ワイドシルエットがおしゃれなブラウスです。フレンチスリーブは
袖つけがいらないので、意外と簡単にできます。

実物大パターンは
C面にあります

[出来上り寸法]

サイズ	100	110	120	130	140
バスト	76cm	80cm	84cm	88cm	92cm
着丈	34cm	38cm	42cm	46cm	51cm

[材料]（左から 100/110/120/130/140サイズ）

・表布［プレドゥ / 高密度ベルギープリミエルリネン生地ワッ
シャー加工（テラコッタ）］……110cm幅 100cm/110cm/120cm/
130cm/140cm
・ボタン …… 直径1cm 1個

[裁合せ図]

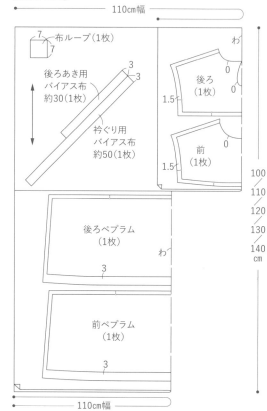

*指定以外の縫い代は1cm
*数字は上から100/110/120/130/140サイズ

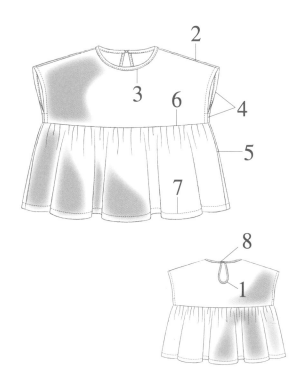

準備：バイアス布を作る　→p.41参照

1. 後ろあきを作る

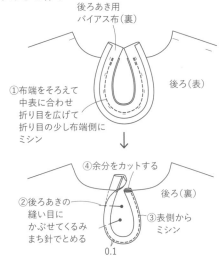

後ろあき用
バイアス布（裏）

①布端をそろえて
中表に合わせ
折り目を広げて
折り目の少し布端側に
ミシン

後ろ（表）

②後ろあきの
縫い目に
かぶせてくるみ
まち針でとめる

③表側から
ミシン

④余分をカットする

後ろ（裏）

0.1

2. 肩を縫う

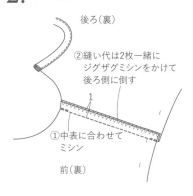

後ろ（裏）

②縫い代は2枚一緒に
ジグザグミシンをかけて
後ろ側に倒す

1

①中表に合わせて
ミシン

前（裏）

3. 布ループを作り（→p.67参照）、
後ろあきにはさんで衿ぐりを
バイアス布でくるむ　→p.43参照

4. 身頃の脇を縫い、
袖口を三つ折りにして縫う

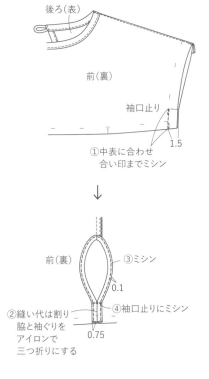

後ろ（表）

前（裏）

袖口止り

1.5

①中表に合わせ
合い印までミシン

↓

前（裏）

③ミシン

0.1

②縫い代は割り
脇と袖ぐりを
アイロンで
三つ折りにする

④袖口止りにミシン

0.75

5. ペプラムの脇を縫い、ギャザーミシンをかける

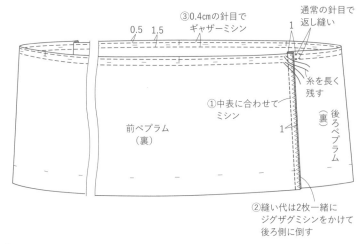

③0.4cmの針目で
ギャザーミシン

通常の針目で
返し縫い

0.5　1.5

1

糸を長く
残す

①中表に合わせて
ミシン

前ペプラム
（裏）

1

後ろペプラム
（裏）

②縫い代は2枚一緒に
ジグザグミシンをかけて
後ろ側に倒す

6. ペプラムにギャザーを寄せ（→p.43参照）、身頃と縫い合わせる

7. 裾を三つ折りにして縫う

前（裏）

③割った縫い代を
身頃側に倒して
整える

①中表に合わせ
合い印をそろえて
身頃の寸法に
ギャザーを寄せ
ミシン

④縫い代は2枚一緒に
ジグザグミシンをかけて
身頃側に倒す

②縫い代を
割る

1

⑤下側の
ギャザーミシンを
引き抜く

後ろ
ペプラム
（表）

前
ペプラム
（裏）

2　0.1

1

⑥三つ折りにしてミシン

8. 後ろあきにボタンをつける
→p.44参照

L ショートパンツ

photo p.21

目が詰まったコットンで作った履き心地のいいショートパンツです。ウエストが
ゴムなのでお着替えしやすく、デイリーに活躍するアイテムです。

実物大パターンは
B面にあります

［出来上り寸法］

サイズ	100	110	120	130	140
ウエスト	42cm	44cm	46cm	48cm	50cm
パンツ丈	32cm	33cm	34cm	35cm	36cm

［材料］（左から 100/110/120/130/140 サイズ）

・表布[CHECK&STRIPE / ナチュラルコットン HOLIDAY（ベージュ）]……110cm 幅 90cm/100cm/100cm/100cm/100cm
・接着テープ（前ポケット口）……1.2cm 幅 35cm
・ゴムテープ……2.5cm 幅 44cm/46cm/48cm/50cm/52cm

［裁合せ図］

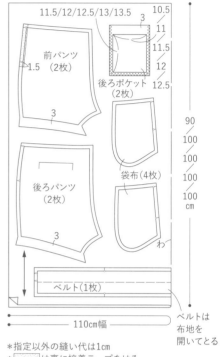

11.5/12/12.5/13/13.5　10.5
前パンツ（2枚）　1.5　3
後ろポケット（2枚）　11　11.5　12　12.5
後ろパンツ（2枚）　3
袋布（4枚）
ベルト（1枚）
わ
90/100/100/100/100cm
110cm幅
ベルトは布地を開いてとる

＊指定以外の縫い代は1cm
＊▨は裏に接着テープをはる
＊〰〰〰はジグザグミシンをかける
＊数字は上または左から
　100/110/120/130/140サイズ
＊ポケットは布地に直接製図する

```
6
3
2
5
4
1
2
```

---

1. 後ろポケットを作り、つける　→p.55参照

2. 前後中心を縫う

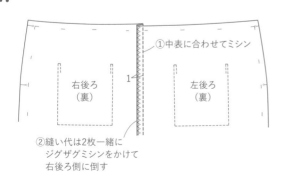

右後ろ（裏）　左後ろ（裏）　1
①中表に合わせてミシン
②縫い代は2枚一緒にジグザグミシンをかけて右後ろ側に倒す

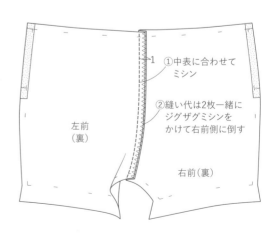

左前（裏）　右前（裏）　1
①中表に合わせてミシン
②縫い代は2枚一緒にジグザグミシンをかけて右前側に倒す

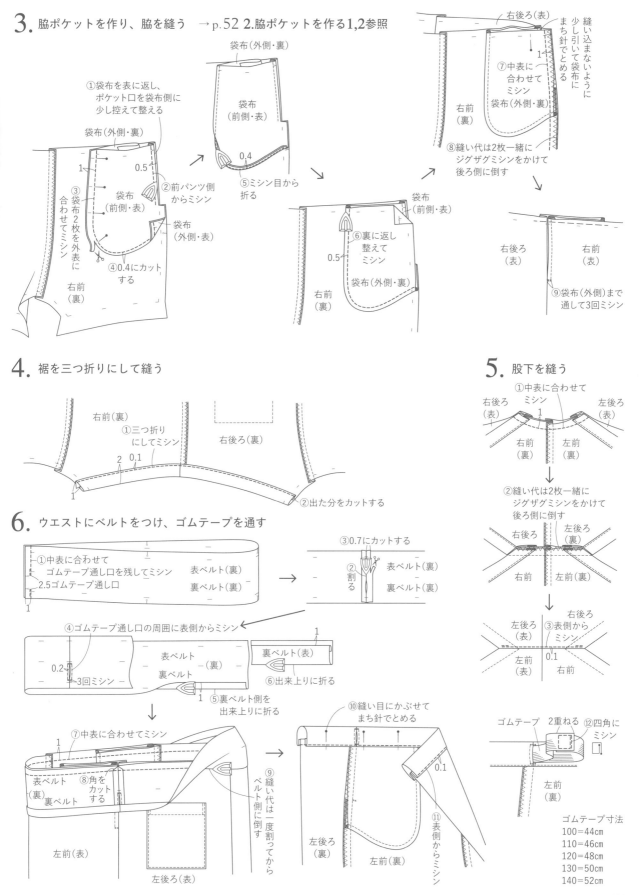

3. 脇ポケットを作り、脇を縫う → p.52 2.脇ポケットを作る1,2参照

①袋布を表に返し、ポケット口を袋布側に少し控えて整える

袋布(外側・裏)

③袋布2枚を外表に合わせてミシン

1

0.5

袋布(前側・表)

②前パンツ側からミシン

袋布(外側・表)

④0.4にカットする

右前(裏)

袋布(外側・裏)

袋布(前側・表)

0.4

⑤ミシン目から折る

右前(裏)

0.5

⑥裏に返し整えてミシン

袋布(外側・裏)

袋布(前側・表)

右後ろ(表)

縫い込まないように少し引いて袋布にまち針でとめる

1

⑦中表に合わせてミシン

右前(裏)

袋布(外側・裏)

⑧縫い代は2枚一緒にジグザグミシンをかけて後ろ側に倒す

右後ろ(表)

右前(表)

⑨袋布(外側)まで通して3回ミシン

4. 裾を三つ折りにして縫う

右前(裏)

①三つ折りにしてミシン

右後ろ(裏)

2 0.1

1

②出た分をカットする

5. 股下を縫う

①中表に合わせて

右後ろ(表)

ミシン 1

左後ろ(表)

右前(裏)

左前(裏)

②縫い代は2枚一緒にジグザグミシンをかけて後ろ側に倒す

右後ろ(表)

左後ろ(表)

右前(裏)

左前(裏)

左後ろ(表)

右後ろ(表)

③表側からミシン

左前(表)

0.1

左前(表)

右前(裏)

6. ウエストにベルトをつけ、ゴムテープを通す

①中表に合わせてゴムテープ通し口を残してミシン

2.5ゴムテープ通し口

表ベルト(裏)

裏ベルト(裏)

1

③0.7にカットする

②割る

表ベルト(裏)

裏ベルト(裏)

④ゴムテープ通し口の周囲に表側からミシン

0.2

3回ミシン

表ベルト

裏ベルト

(裏)

1

⑤裏ベルト側を出来上りに折る

1

裏ベルト(表)

⑥出来上りに折る

⑦中表に合わせてミシン

1

表ベルト(裏)

裏ベルト

⑧角をカットする

左前(表)

左後ろ(表)

⑨縫い代は一度割ってからベルト側に倒す

⑩縫い目にかぶせてまち針でとめる

左後ろ(裏)

0.1

左前(裏)

⑪表側からミシン

ゴムテープ 2重ねる ⑫四角にミシン

左前(裏)

ゴムテープ寸法
100＝44cm
110＝46cm
120＝48cm
130＝50cm
140＝52cm

71

M

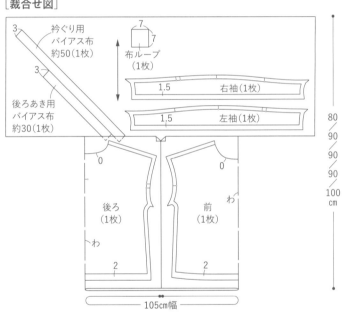

C

実物大パターンは
C 面にあります

photo p.22

フリルスリーブブラウス

フリル袖がポイントのブラウスです。シンプルなデザインで着回しが
利くので、1枚作っておくと重宝するアイテムです。

[出来上り寸法]

サイズ	100	110	120	130	140
バスト	74cm	78cm	82cm	86cm	90cm
着丈	34cm	37cm	40cm	43cm	47cm
袖丈	4cm	4.5cm	5cm	5.5cm	6cm

[材料]　（左から　100/110/120/130/140 サイズ）

・表布[CHECK&STRIPE / コットンのふんわり布（ホワイト）]……
　105cm 幅 80cm/90cm/90cm/90cm/100cm
・ボタン …… 直径 1cm 1個

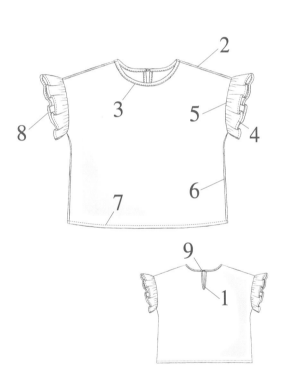

[裁合せ図]

衿ぐり用
バイアス布
約50(1枚)

後ろあき用
バイアス布
約30(1枚)

布ループ
(1枚)

1.5　右袖(1枚)

1.5　左袖(1枚)

80
/
90
/
90
/
90
/
100
cm

後ろ
(1枚)

前
(1枚)

わ

わ

2

2

0

0

105cm幅

＊指定以外の縫い代は1cm
＊数字は上から100/110/120/130/140サイズ

準備：バイアス布を作る　→p.41参照

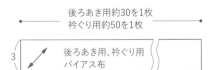

後ろあき用約30を1枚
衿ぐり用約50を1枚

3

後ろあき用、衿ぐり用
バイアス布

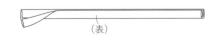

(表)

1. 後ろあきを作る　→p.42参照

2. 肩を縫う

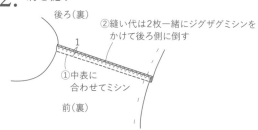

②縫い代は2枚一緒にジグザグミシンをかけて後ろ側に倒す

後ろ(裏)

1

①中表に合わせてミシン

前(裏)

3. 布ループを作り（→p.67参照）、後ろあきにはさんで衿ぐりをバイアス布でくるむ　→p.43参照

4. 袖山にギャザーミシンをかけ、袖口をアイロンで三つ折りにする

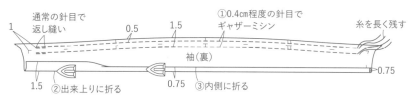

通常の針目で返し縫い　　0.5　　1.5　　①0.4cm程度の針目でギャザーミシン　　糸を長く残す

1

袖(裏)

1.5　②出来上りに折る　　0.75　③内側に折る　　0.75

5. 袖山にギャザーを寄せ（→p.43参照）、袖をつける

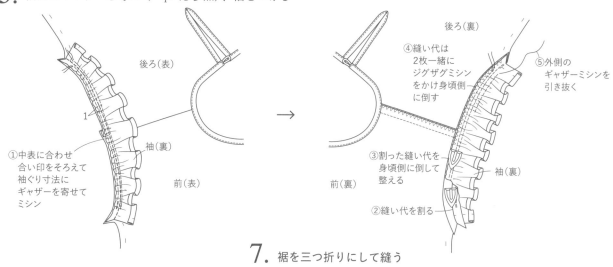

後ろ(表)

袖(裏)

前(表)

1

①中表に合わせ合い印をそろえて袖ぐり寸法にギャザーを寄せてミシン

→

後ろ(裏)

④縫い代は2枚一緒にジグザグミシンをかけて身頃側に倒す

⑤外側のギャザーミシンを引き抜く

③割った縫い代を身頃側に倒して整える

袖(裏)

②縫い代を割る

前(裏)

6. 袖下と脇を続けて縫う

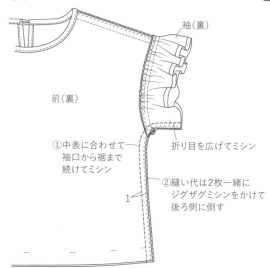

袖(裏)

前(裏)

①中表に合わせて袖口から裾まで続けてミシン

折り目を広げてミシン

②縫い代は2枚一緒にジグザグミシンをかけて後ろ側に倒す

1

7. 裾を三つ折りにして縫う

8. 袖口を三つ折りにして縫う

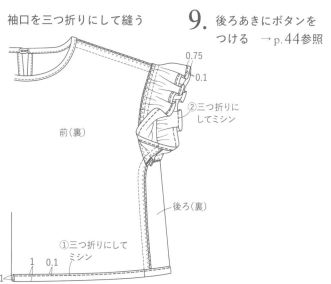

前(裏)

0.75
0.1

②三つ折りにしてミシン

後ろ(裏)

①三つ折りにしてミシン

1　0.1
1

9. 後ろあきにボタンをつける　→p.44参照

N

photo p. 24 , p. 25

サルエルパンツ

個性的なシルエットの動きやすいパンツです。花柄や無地で
作って、デイリーに履いてほしいアイテムです。

［出来上り寸法］

サイズ	100	110	120	130	140
ウエスト	42cm	44cm	46cm	48cm	50cm
パンツ丈	58.5cm	65.5cm	72.5cm	79.5cm	86.5cm

［材料］ （左から 100/110/120/130/140サイズ）

・(p.24)表布[APUHOUSE FABRIC / 洗いをかけた綿麻ライトキャンバ
　ス ナチュラルウォッシュ加工無地（ダッチオリーブ）]……110cm幅
　150cm/160cm/170cm/180cm/190cm
・(p.25)表布[CHECK&STRIPE / コットンプリント リトルマーガレット
　（ダークネイビー地）]……110cm幅（プリント有効幅108cm）150cm/
　160cm/170cm/180cm/190cm
・接着テープ(前ポケット口)……1.2cm幅 35cm
・ゴムテープ……2.5cm幅 44cm/46cm/48cm/50cm/52cm

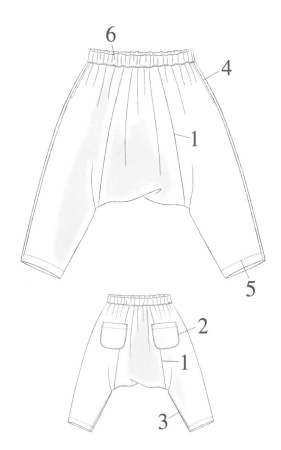

実物大パターンは
A面にあります

［裁合せ図］

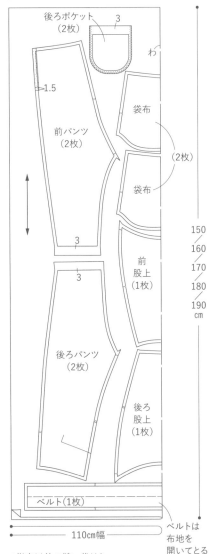

後ろポケット
(2枚)　　3

わ

1.5

前パンツ
(2枚)

袋布

(2枚)

袋布

3

3

前
股上
(1枚)

後ろパンツ
(2枚)

後ろ
股上
(1枚)

ベルト(1枚)

110cm幅

150
/
160
/
170
/
180
/
190
cm

ベルトは
布地を
開いてとる

＊指定以外の縫い代は1cm
＊▨は裏に接着テープをはる
＊〰〰は裏にジグザグミシンをかける
＊数字は上から100/110/120/130/140サイズ

1. 前後パンツと前後股上をそれぞれを縫う

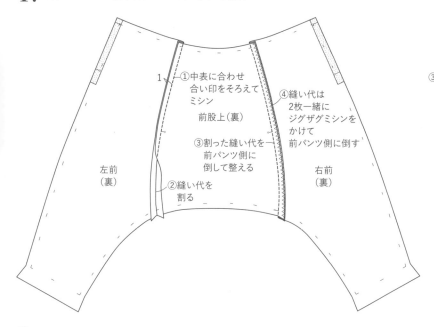

① 中表に合わせ
合い印をそろえて
ミシン

前股上（裏）

1

④ 縫い代は
2枚一緒に
ジグザグミシンを
かけて
前パンツ側に倒す

③ 割った縫い代を
前パンツ側に
倒して整える

左前
（裏）

② 縫い代を
割る

右前
（裏）

2. 後ろポケットを作り、つける　→p.55参照

3. 股下を縫い、裾を三つ折りにする

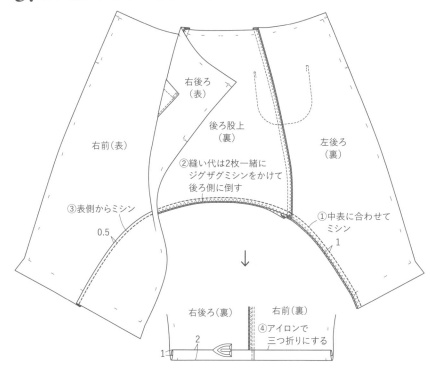

右後ろ
（表）

後ろ股上
（裏）

右前（表）

左後ろ
（裏）

② 縫い代は2枚一緒に
ジグザグミシンをかけて
後ろ側に倒す

③ 表側からミシン

0.5

① 中表に合わせて
ミシン

1

↓

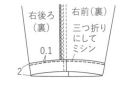

右後ろ（裏）　右前（裏）

④ アイロンで
三つ折りにする

1　2

5. 裾を三つ折りにして縫う

右後ろ
（裏）　右前（裏）

三つ折り
にして
ミシン

0.1

2

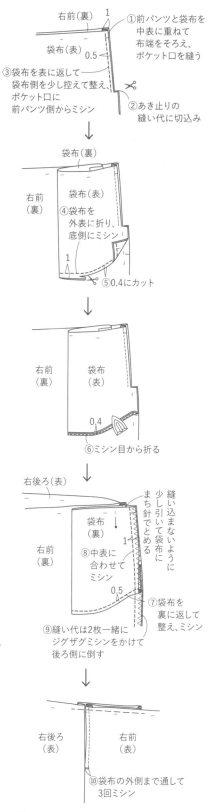

4. 脇ポケットを作り、脇を縫う

右前（裏）　1

袋布（表）　0.5

① 前パンツと袋布を
中表に重ねて
布端をそろえ、
ポケット口を縫う

③ 袋布を表に返して
袋布側を少し控えて整え、
ポケット口に
前パンツ側からミシン

② あき止りの
縫い代に切込み

袋布（裏）

右前
（裏）

袋布（表）

④ 袋布を
外表に折り、
底側にミシン

1

⑤ 0.4にカット

右前
（裏）　袋布
（表）

0.4

⑥ ミシン目から折る

↓

右後ろ（表）

縫い込まないように
少し引いて袋布に
まち針でとめる

袋布
（裏）

右前
（裏）

1

⑧ 中表に
合わせて
ミシン

0.5

⑦ 袋布を
裏に返して
整え、ミシン

⑨ 縫い代は2枚一緒に
ジグザグミシンをかけて
後ろ側に倒す

↓

右後ろ
（表）　右前
（表）

⑩ 袋布の外側まで通して
3回ミシン

6. ウエストにベルトをつけ、
ゴムテープを通す　→p.71参照

75

O

photo p.26

パフスリーブブラウス

ボリュームのあるパフスリーブがかわいいブラウスです。ダブルガーゼはふわふわして
少し縫いにくいのでしっかりアイロンをかけて縫いましょう。

実物大パターンは
F面にあります

［出来上り寸法］

サイズ	100	110	120	130	140
バスト	92cm	96cm	100cm	104cm	108cm
着丈	35cm	38cm	41cm	44cm	48cm
袖丈	27cm	31cm	35.5cm	39.5cm	44cm

［材料］（左から　100/110/120/130/140 サイズ）

・表布［プレドゥ / オリジナルダブルガーゼ生地シオール天日干し風加
　工（エクリュ）］……106cm 幅 150cm/160cm/180cm/200m/210cm
・ボタン …… 直径1cm 1個
・ゴムテープ ……6 コール 30cm/31cm/32cm/33cm/34cm

［裁合せ図］

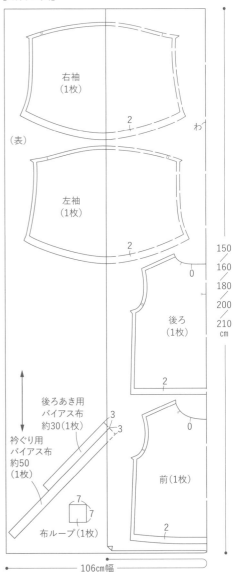

右袖
(1枚)

(表)

2

わ

左袖
(1枚)

2

0

150
160
180
200
210
cm

後ろ
(1枚)

2

後ろあき用
バイアス布
約30(1枚)

衿ぐり用
バイアス布
約50
(1枚)

3
3

0

前(1枚)

7
7

布ループ(1枚)

2

106cm幅

＊指定以外の縫い代は1cm
＊数字は上から100/110/120/130/140サイズ

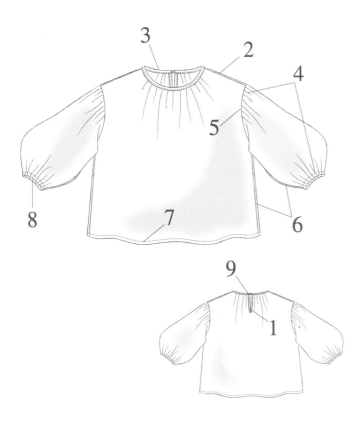

準備：バイアス布を作る　→p.41参照

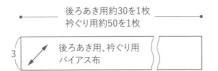

後ろあき用約30を1枚
衿ぐり用約50を1枚

3

後ろあき用、衿ぐり用
バイアス布

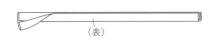

(表)

1. 後ろあきを作る　→p.42参照

2. 衿ぐりにギャザーミシンをかけ、肩を縫う　→p.63参照

3. 衿ぐりにギャザーを寄せる。布ループを作り（→p.67参照）、
後ろあきにはさんで衿ぐりをバイアス布でくるむ　→p.43参照

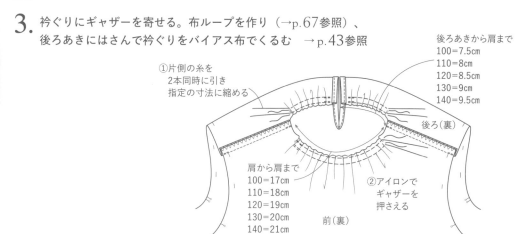

①片側の糸を
2本同時に引き
指定の寸法に縮める

後ろあきから肩まで
100＝7.5cm
110＝8cm
120＝8.5cm
130＝9cm
140＝9.5cm

後ろ(裏)

肩から肩まで
100＝17cm
110＝18cm
120＝19cm
130＝20cm
140＝21cm

②アイロンで
ギャザーを
押さえる

前(裏)

4. 袖山にギャザーミシンをかける。
袖口をアイロンで三つ折りにする

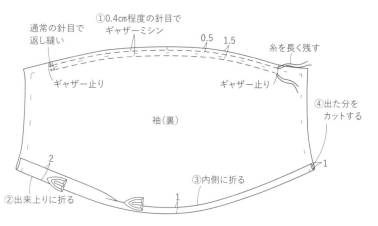

通常の針目で
返し縫い

①0.4cm程度の針目で
ギャザーミシン

0.5　1.5

糸を長く残す

ギャザー止り　　ギャザー止り

袖(裏)

④出た分を
カットする

2

②出来上りに折る

③内側に折る

1

1

5. 袖山にギャザーを寄せ、袖をつける　→p.81参照

6. ゴムテープ通し口を残して
袖下と脇を続けて縫う

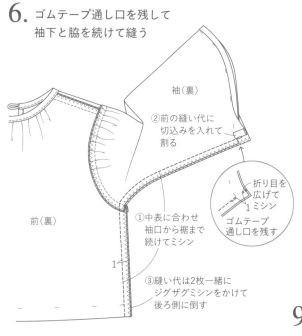

袖(裏)

②前の縫い代に
切込みを入れて
割る

前(裏)

折り目を
広げて
1ミシン
ゴムテープ
通し口を残す

①中表に合わせ
袖口から裾まで
続けてミシン

1

③縫い代は2枚一緒に
ジグザグミシンをかけて
後ろ側に倒す

7. 裾を三つ折りにして縫う

8. 袖口を三つ折りにして縫い、
ゴムテープを通す

1

袖(裏)

0.1

②三つ折りにして
ミシン

ゴムテープ通し口

前(裏)

袖(裏)

ゴムテープ

2重ねる

③3回ミシンでとめる

①三つ折り
にしてミシン

1　0.1

1

ゴムテープ寸法
100＝15cm
110＝15.5cm
120＝16cm　×2本
130＝16.5cm
140＝17cm

9. 後ろあきにボタンをつける　→p.44参照

P ブルマ

photo p.26, p.28

ウエストのフリルを多めにとったかわいらしいデザインです。大きくなった
お子さまにもショートパンツのように履いていただきたいブルマです。

実物大パターンは
F面にあります

［出来上り寸法］

サイズ	100	110	120	130	140
ウエスト	44cm	46cm	48cm	50cm	52cm
パンツ丈	23cm	24cm	25.5cm	26.5cm	28cm

［材料］ （左から 100/110/120/130/140 サイズ）

・（p.26）表布[CHECK&STRIPE / フレンチコーデュロイ（ゴールドブラウ
ン）]……105cm 幅 90cm/90cm/90cm/90cm/90cm
・（p.28）表布[APUHOUSE FABRIC /洗いをかけた 40/1番手 フレンチリネ
ン オーバーダイドウォッシュ（フレンチラベンダー）]……110cm 幅 90cm/
90cm/90cm/90cm/90cm
・ゴムテープ（ウエスト）……1.5cm 幅 46cm/48cm/50cm/52cm/54cm
・ゴムテープ（裾）……6 コール 56cm/60cm/64cm/68cm/72cm

［裁合せ図］

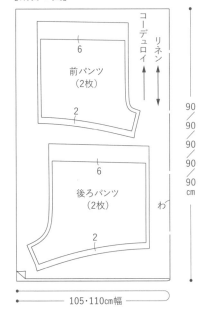

*指定以外の縫い代は1cm
*数字は上から100/110/120/130/140サイズ
*コーデュロイは逆毛に裁つ

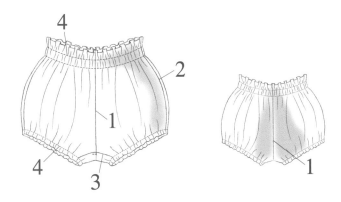

1. 前後中心を縫う。ウエストと裾をアイロンで三つ折りにする

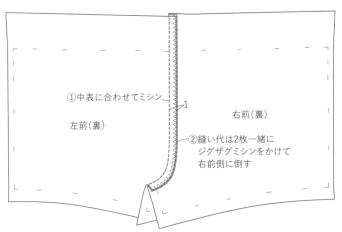

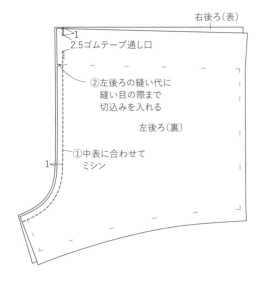

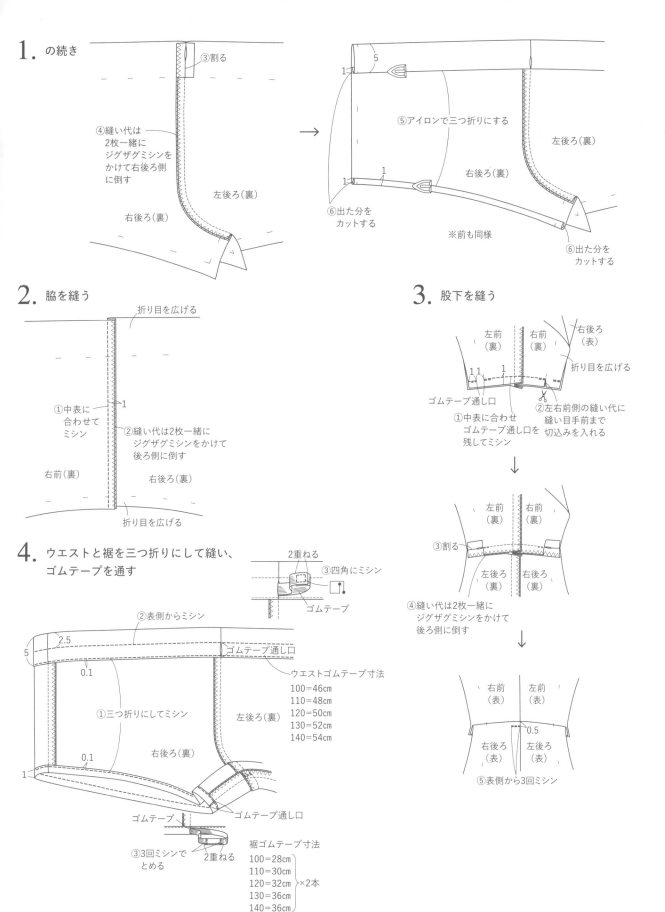

1. の続き

③割る

④縫い代は
2枚一緒に
ジグザグミシンを
かけて右後ろ側
に倒す

左後ろ（裏）

右後ろ（裏）

5

1

1

1

⑤アイロンで三つ折りにする

左後ろ（裏）

右後ろ（裏）

1

1

⑥出た分を
カットする

※前も同様

⑥出た分を
カットする

2. 脇を縫う

折り目を広げる

①中表に
合わせて
ミシン

1

②縫い代は2枚一緒に
ジグザグミシンをかけて
後ろ側に倒す

右前（裏）

右後ろ（裏）

折り目を広げる

3. 股下を縫う

左前
（裏）

右前
（裏）

右後ろ
（表）

折り目を広げる

1 1

1

ゴムテープ通し口

①中表に合わせ
ゴムテープ通し口を
残してミシン

②左右前側の縫い代に
縫い目手前まで
切込みを入れる

左前
（裏）

右前
（裏）

③割る

左後ろ
（裏）

右後ろ
（裏）

④縫い代は2枚一緒に
ジグザグミシンをかけて
後ろ側に倒す

右前
（表）

左前
（表）

右後ろ
（表）

左後ろ
（表）

0.5

⑤表側から3回ミシン

4. ウエストと裾を三つ折りにして縫い、
ゴムテープを通す

2重ねる

③四角にミシン

ゴムテープ

②表側からミシン

2.5

5

0.1

ゴムテープ通し口

ウエストゴムテープ寸法
100＝46cm
110＝48cm
120＝50cm
130＝52cm
140＝54cm

①三つ折りにしてミシン

左後ろ（裏）

0.1

右後ろ（裏）

1

ゴムテープ

ゴムテープ通し口

③3回ミシンで
とめる

2重ねる

裾ゴムテープ寸法
100＝28cm
110＝30cm
120＝32cm ×2本
130＝36cm
140＝36cm

Q

photo p. 28

ギャザースリーブブラウス

ギャザーが作り出すふんわりシルエットを楽しめるブラウスです。
ローンなどの薄手の生地がおすすめです。

実物大パターンは
F面にあります

[出来上り寸法]

サイズ	100	110	120	130	140
バスト	113cm	117cm	121cm	125cm	129cm
着丈	36.5cm	39.5cm	42.5cm	45.5cm	49.5cm
袖丈	21.5cm	23.5cm	25.5cm	27.5cm	29.5cm

[材料]（左から 100/110/120/130/140サイズ）

・表布[DARUMA FABRIC/Garden コットンローン（Black×White）]……
110cm幅 160cm/170cm/180cm/190cm/200cm
・ボタン…… 直径1cm 1個

[裁合せ図]

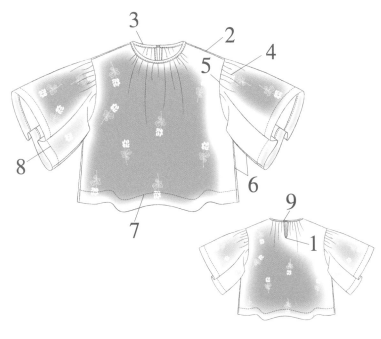

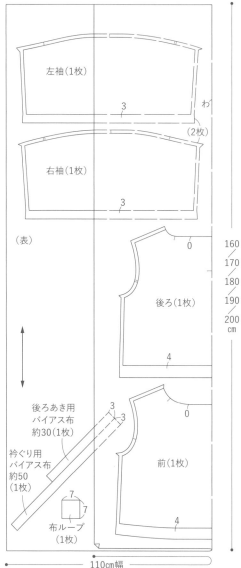

*指定以外の縫い代は1cm
*数字は上から100/110/120/130/140サイズ

準備：バイアス布を作る
→ p.41参照

後ろあき用約30を1枚
衿ぐり用約50を1枚

後ろあき用、衿ぐり用
バイアス布

（表）

1. 後ろあきを作る　→ p.42参照

2. 衿ぐりにギャザーミシンをかけ、肩を縫う　→ p.63参照

3. 衿ぐりにギャザーを寄せる。布ループを作り（→p.67参照）、後ろあきにはさんで衿ぐりをバイアス布でくるむ　→p.43参照

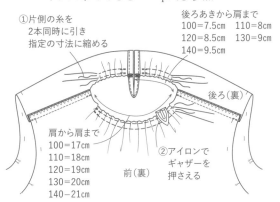

①片側の糸を2本同時に引き指定の寸法に縮める

後ろあきから肩まで
100＝7.5cm　110＝8cm
120＝8.5cm　130＝9cm
140＝9.5cm

後ろ（裏）

②アイロンでギャザーを押さえる

前（裏）

肩から肩まで
100＝17cm
110＝18cm
120＝19cm
130＝20cm
140＝21cm

4. 袖山にギャザーミシンをかける。袖口をアイロンで三つ折りにする

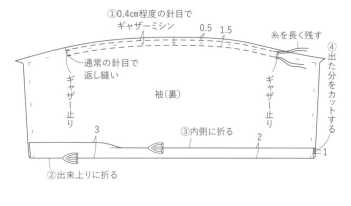

①0.4cm程度の針目でギャザーミシン
0.5　1.5
糸を長く残す
④出た分をカットする
通常の針目で返し縫い
ギャザー止り
袖（裏）
ギャザー止り
③内側に折る
3
2
②出来上りに折る
1

5. 袖山にギャザーを寄せ、袖をつける

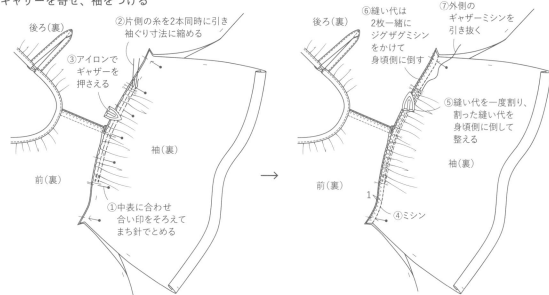

後ろ（裏）
②片側の糸を2本同時に引き袖ぐり寸法に縮める
③アイロンでギャザーを押さえる
袖（裏）
前（裏）
①中表に合わせ合い印をそろえてまち針でとめる

→

後ろ（裏）
⑥縫い代は2枚一緒にジグザグミシンをかけて身頃側に倒す
⑦外側のギャザーミシンを引き抜く
⑤縫い代を一度割り、割った縫い代を身頃側に倒して整える
袖（裏）
前（裏）
1
④ミシン

6. 袖下と脇を続けて縫う

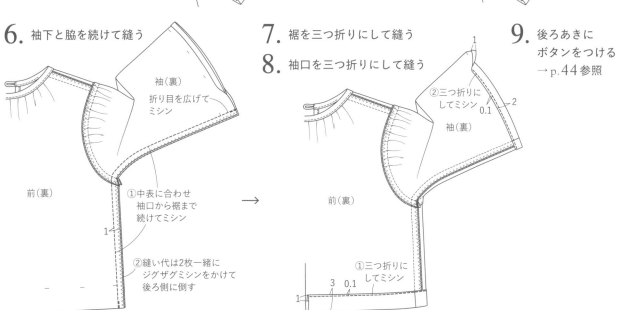

前（裏）
袖（裏）
折り目を広げてミシン
①中表に合わせ袖口から裾まで続けてミシン
1
②縫い代は2枚一緒にジグザグミシンをかけて後ろ側に倒す

→

7. 裾を三つ折りにして縫う
8. 袖口を三つ折りにして縫う

前（裏）
袖（裏）
②三つ折りにしてミシン
0.1　2
1
①三つ折りにしてミシン
3　0.1
1

9. 後ろあきにボタンをつける→p.44参照

R

photo p.29

ギャザースカート

柔らかいコットンフランネルで作ったギャザーたっぷりのスカート。両サイドのボタンあきがポケットになっています。綿麻で作るのもおすすめです。

実物大パターンは
A,E面にあります

[出来上り寸法]

サイズ	100	110	120	130	140
ウエスト	46cm	50cm	54cm	58cm	62cm
スカート丈	29cm	32cm	35cm	38cm	42cm

[材料] （左から 100/110/120/130/140サイズ）

・表布[生地の森 / コットンピエラフランネル（ボルドー）]……110cm幅 110cm/110cm/120cm/130cm/140cm
・接着芯（ベルト）……90cm幅 15cm
・接着テープ（前スカートポケット口、後ろベルトのボタン穴、ボタン位置）……1.2cm幅 45cm
・ボタン……直径1.15cm 6個
・ボタンホールゴムテープ……2.5cm幅 26cm/28cm/30cm/32cm/34cm

[裁合せ図]

接着テープを重ねてはる
前ベルト（1枚）
後ろベルト（1枚）
脇布（2枚）
袋布（2枚）
1.5
前スカート（1枚）
わ
前裾見返し（1枚）
後ろスカート（1枚）
後ろ裾見返し（1枚）
2
110 110 120 130 140 cm
110cm幅

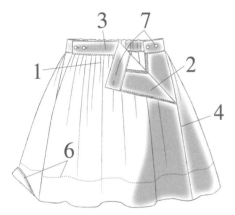

*縫い代はすべて1cm
*▨は裏に接着芯または接着テープをはる
*〰〰〰はジグザグミシンをかける
*数字は上から100/110/120/130/140サイズ

1. 前後スカートにギャザーミシンをかける

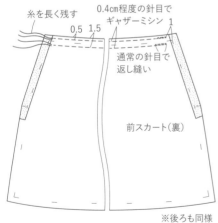

糸を長く残す
0.4cm程度の針目でギャザーミシン
0.5 1.5
1
通常の針目で返し縫い
前スカート（裏）
※後ろも同様

2. 脇ポケットを作る →p.52参照

3. 前後スカートにギャザーを寄せる（p.43参照）。前後のベルトを作り、前スカートに前ベルトをつける →p.52,53参照

①表ベルトと中表に合わせてミシン
袋布も一緒に縫う
表ベルト（裏）
1
脇布をよける
前裏ベルト（表）
前スカート（表）

②表ベルト側からミシン
前表ベルト（表）
0.1
前スカート（表）

4,5. Eタックスカートと同様に縫う
→p.53参照（ただし、後ろスカートはギャザーを寄せる）

6. 裾に見返しをつける →p.90,91参照

7. 前ベルトにボタン穴を作り、後ろベルトにボタンをつける
→p.53参照

S photo p.30

オーバーオール

ゆったりとしたシルエットで着心地のいいオーバーオールです。
丈は長めなのでロールアップしてもかわいいです。

実物大パターンは
C面にあります

［出来上り寸法］

サイズ	100	110	120	130	140
バスト	64.5cm	68.5cm	72.5cm	76.5cm	80.5cm
着丈	93.5cm	102.5cm	111.5cm	120.5cm	129.5cm
股下	32.5cm	38.5cm	44.5cm	50.5cm	56.5cm

［材料］ （左から 100/110/120/130/140 サイズ）

- 表布[CHECK&STRIPE / 幅広リネン（ホワイトベージュ）]……
  150cm幅 90cm/100cm/110cm/120cm/130cm
- 接着芯（前見返し、後ろ見返し、脇あき見返し、脇あき持出し）……
  90cm幅 10cm
- ボタン …… 直径1.5cm 4個

［裁合せ図］

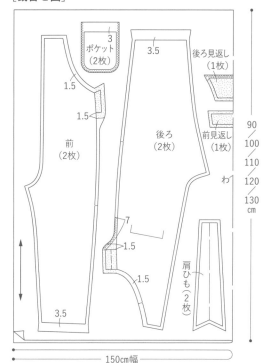

*指定以外の縫い代は1cm
* ▨ は裏に接着芯をはる
*〰〰〰はジグザグミシンをかける
*数字は上から100/110/120/130/140サイズ

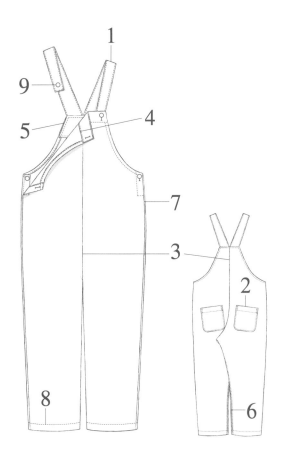

1. 肩ひもを作る →p.87参照

2. ポケットを作り、つける →p.87参照

3. 前後中心を縫う。袖ぐりをアイロンで三つ折りにする

4. 前見返しをつけ、前袖ぐりを三つ折りにして縫う

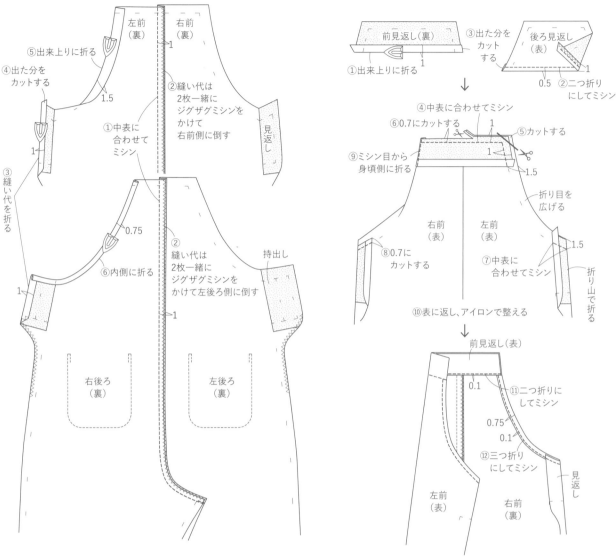

3.の図内テキスト:
左前（裏）
右前（裏）
1
⑤出来上りに折る
④出た分をカットする
1.5
②縫い代は2枚一緒にジグザグミシンをかけて右前側に倒す
①中表に合わせてミシン
見返し
1
③縫い代を折る
③縫い代を折る
0.75
②縫い代は2枚一緒にジグザグミシンをかけて左後ろ側に倒す
⑥内側に折る
持出し
1
1
右後ろ（裏）
左後ろ（裏）

4.の図内テキスト:
前見返し（裏）
①出来上りに折る
1
③出た分をカットする
後ろ見返し（表）
0.5
②二つ折りにしてミシン
1
④中表に合わせてミシン
⑥0.7にカットする
1
⑤カットする
1
1.5
⑨ミシン目から身頃側に折る
折り目を広げる
右前（表）
左前（表）
⑧0.7にカットする
1.5
⑦中表に合わせてミシン
折り山で折る
⑩表に返し、アイロンで整える
前見返し（表）
0.1
⑪二つ折りにしてミシン
0.75
0.1
⑫三つ折りにしてミシン
見返し
左前（表）
右前（裏）

5. 肩ひもをはさんで後ろ見返しをつけ、後ろ袖ぐりを三つ折りにして縫う

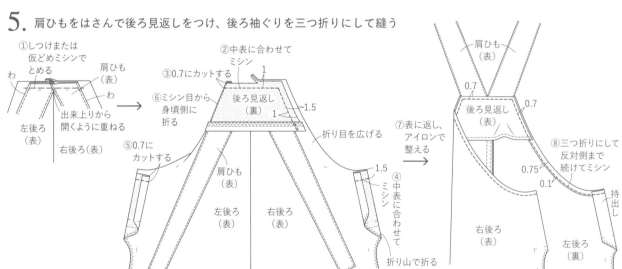

5.の図内テキスト:
①しつけまたは仮どめミシンでとめる
わ
肩ひも（表）
わ
出来上りから開くように重ねる
左後ろ（表）
右後ろ（表）
②中表に合わせてミシン
③0.7にカットする
1
⑥ミシン目から身頃側に折る
後ろ見返し（裏）
1.5
1
折り目を広げる
⑤0.7にカットする
肩ひも（表）
左後ろ（表）
右後ろ（表）
1.5
④中表に合わせてミシン
折り山で折る
肩ひも（表）
0.7
0.7
後ろ見返し（表）
⑦表に返し、アイロンで整える
⑧三つ折りにして反対側まで続けてミシン
0.75
0.1
右後ろ（表）
持出し
左後ろ（裏）

6. 股下を縫う。裾をアイロンで三つ折りにする

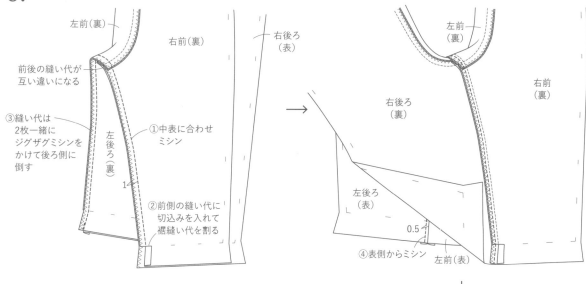

左前（裏）
右前（裏）
右後ろ（表）
前後の縫い代が互い違いになる
③縫い代は2枚一緒にジグザグミシンをかけて後ろ側に倒す
左後ろ（裏）
①中表に合わせミシン
②前側の縫い代に切込みを入れて裾縫い代を割る
1

右後ろ（裏）
左前（裏）
右前（裏）
左後ろ（表）
0.5
④表側からミシン
左前（表）

右後ろ（裏）
右前（裏）
⑥内側に折る
2.5
3.5
⑤出来上りに折る
1

7. 脇を縫い、脇あきを作る

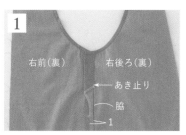

1

右前（裏）　右後ろ（裏）
あき止り
脇
1

前と後ろを中表に合わせ、脇をあき止りまで縫う。縫い代はアイロンで一度割ってから前側に倒す。

2

ここから裾まで
0.1
あき止り
右前（裏）　右後ろ（裏）

見返し、持出しにあき止りまでミシンをかける。見返しの縫い代に裾まで2枚一緒にジグザグミシンをかける。

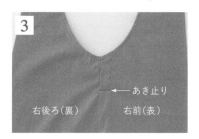

3

あき止り
右後ろ（裏）　右前（表）

あき止りに表からミシンをかける。

8. 裾を三つ折りにして縫う

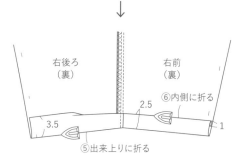

右前（裏）
三つ折りにしてミシン
0.1　2.5

9. ボタン穴を作り、ボタンをつける

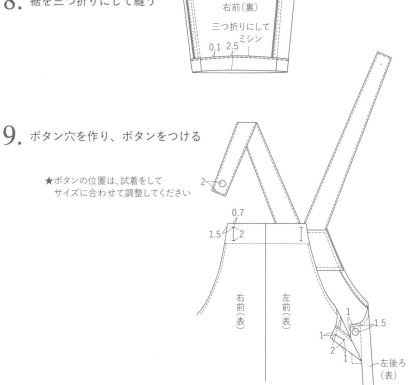

★ボタンの位置は、試着をしてサイズに合わせて調整してください

2
0.7
1.5　2
右前（表）
左前（表）
1
1.5
1
2
1
左後ろ（表）

T

photo p. 31

ショートオーバーオール

短めの丈がかわいいオーバーオールです。インナーを替えれば通年着られる
便利なアイテム。お子さまに着せてボタンの位置を決めてください。

実物大パターンは
C面にあります

［出来上り寸法］

サイズ	100	110	120	130	140
バスト	66cm	70cm	74cm	78cm	82cm
着丈	54.5cm	57.5cm	60.5cm	63.5cm	66.5cm
股下	4cm	4.5cm	4.5cm	5cm	5cm

［材料］ （左から　100/110/120/130/140サイズ）

・表布[DARUMA FABRIC/Garden リネンコットンキャンバス(Olive×
Beige)]……110cm幅 90cm/90cm/100cm/110cm/110cm
・接着芯(前見返し、後ろ見返し)……90cm幅 10cm
・ボタン……直径1.5cm 2個

［裁合せ図］

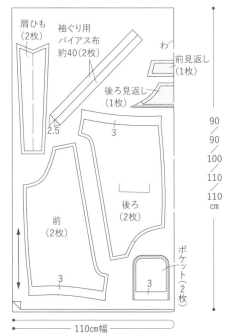

肩ひも(2枚)　袖ぐり用バイアス布 約40(2枚)　わ　前見返し(1枚)　後ろ見返し(1枚)　2.5　3　後ろ(2枚)　前(2枚)　ポケット(2枚)　3　3　3

90/90/100/110/110cm

110cm幅

*指定以外の縫い代は1cm
*▨▨▨は裏に接着芯をはる
*〰〰〰はジグザグミシンをかける
*数字は上から100/110/120/130/140サイズ

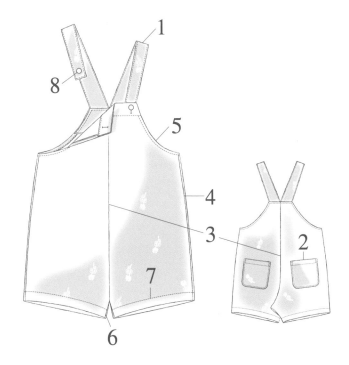

準備：バイアス布を作る

約40を2枚

2.5　袖ぐり用バイアス布

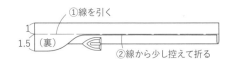

①線を引く
1
1.5
(裏)
②線から少し控えて折る

1. 肩ひもを作る

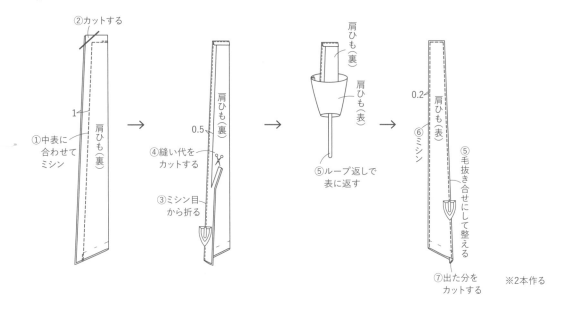

②カットする

①中表に合わせてミシン

1

肩ひも（裏）

→

0.5

④縫い代をカットする

③ミシン目から折る

肩ひも（裏）

→

肩ひも（裏）

肩ひも（表）

⑤ループ返しで表に返す

→

0.2

⑥ミシン

肩ひも（表）

⑤毛抜き合せにして整える

⑦出た分をカットする

※2本作る

2. ポケットを作り、つける

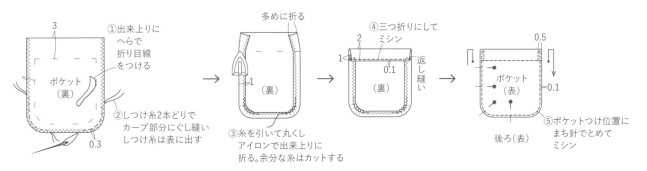

3

①出来上りにへらで折り目線をつける

ポケット（裏）

②しつけ糸2本どりでカーブ部分にぐし縫いしつけ糸は表に出す

0.3

多めに折る

（裏）

1

③糸を引いて丸くしアイロンで出来上りに折る。余分な糸はカットする

④三つ折りにしてミシン

2

1

0.1

返し縫い

（裏）

0.5

2

1

ポケット（表）

0.1

後ろ（表）

⑤ポケットつけ位置にまち針でとめてミシン

3. 前後中心を縫う

4. 脇を縫う

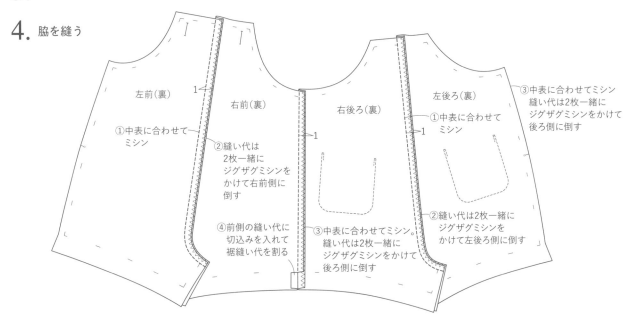

左前（裏）

1

①中表に合わせてミシン

右前（裏）

②縫い代は2枚一緒にジグザグミシンをかけて右前側に倒す

④前側の縫い代に切込みを入れて裾縫い代を割る

1

右後ろ（裏）

③中表に合わせてミシン。縫い代は2枚一緒にジグザグミシンをかけて後ろ側に倒す

左後ろ（裏）

1

①中表に合わせてミシン

②縫い代は2枚一緒にジグザグミシンをかけて左後ろ側に倒す

③中表に合わせてミシン縫い代は2枚一緒にジグザグミシンをかけて後ろ側に倒す

5. 肩ひもをはさんで前後見返しをつけ、袖ぐりをバイアス布で始末する

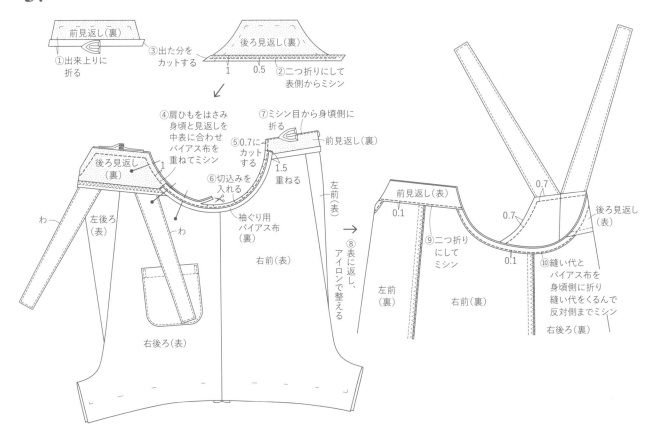

前見返し(裏)
①出来上りに折る
③出た分をカットする
後ろ見返し(裏)
1　0.5　②二つ折りにして表側からミシン

④肩ひもをはさみ身頃と見返しを中表に合わせバイアス布を重ねてミシン
⑦ミシン目から身頃側に折る
前見返し(裏)
⑤0.7にカットする
1.5 重ねる
後ろ見返し(裏)
⑥切込みを入れる
袖ぐり用バイアス布(裏)
わ
左後ろ(表)
わ
左前(表)
右前(表)
⑧表に返し、アイロンで整える
右後ろ(表)

前見返し(表)
0.1
⑨二つ折りにしてミシン
左前(裏)
右前(裏)
0.7
0.7
後ろ見返し(表)
0.1
⑩縫い代とバイアス布を身頃側に折り縫い代をくるんで反対側までミシン
右後ろ(裏)

6. 裾をアイロンで三つ折りにする。股下を縫う

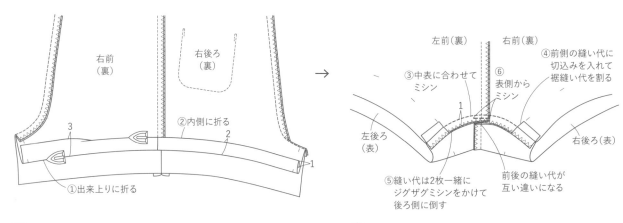

右前(裏)
右後ろ(裏)
3
②内側に折る
2
①出来上りに折る
1

左前(裏)　右前(裏)
③中表に合わせてミシン
⑥表側からミシン
④前側の縫い代に切込みを入れて裾縫い代を割る
1
左後ろ(表)
右後ろ(表)
⑤縫い代は2枚一緒にジグザグミシンをかけて後ろ側に倒す
前後の縫い代が互い違いになる

7. 裾を三つ折りにして縫う

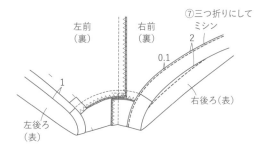

左前(裏)　右前(裏)
⑦三つ折りにしてミシン
2
0.1
1
右後ろ(表)
左後ろ(表)

8. ボタン穴を作り、ボタンをつける

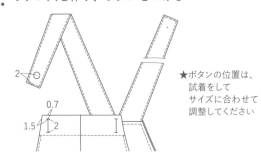

2
0.7
1.5　2
★ボタンの位置は、試着をしてサイズに合わせて調整してください

W

photo p. 36

ノースリーブロングドレス

胸もとにたっぷりのギャザーを入れた繊細な雰囲気のドレスです。広めの
裾見返しでふわっと広がる美しいシルエット。薄手の生地がおすすめです。

実物大パターンは
D 面にあります

［出来上り寸法］

サイズ	100	110	120	130	140
バスト	123.5cm	131.5cm	139.5cm	147.5cm	155.5cm
着丈	64cm	70cm	76cm	82cm	90cm

［材料］ （左から 100/110/120/130/140 サイズ）

・表布［布もよう /60 フレンチリネン キャンバスワッシャー(51/
オフ)］……130cm 幅 170cm/180cm/190cm/210cm/230cm
・ボタン …… 直径 1cm 1 個

［裁合せ図］

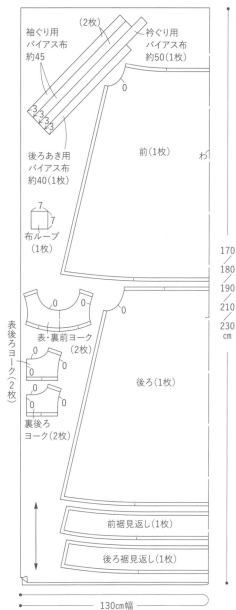

＊指定以外の縫い代は1cm
＊数字は上から100/110/120/130/140サイズ

準備：バイアス布を作る →p.41参照

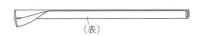

1. 前後身頃にギャザーを寄せ、表ヨークと裏ヨークではさんで縫う

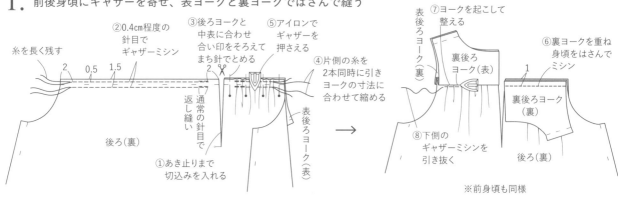

①糸を長く残す
②0.4cm程度の針目でギャザーミシン
③後ろヨークと中表に合わせ合い印をそろえてまち針でとめる
⑤アイロンでギャザーを押さえる
④片側の糸を2本同時に引きヨークの寸法に合わせて縮める

2　0.5　1.5
返し縫い
通常の針目で
①あき止りまで切込みを入れる
後ろ（裏）
表後ろヨーク（表）

⑦ヨークを起こして整える
表後ろヨーク（裏）
裏後ろヨーク（表）
⑥裏ヨークを重ね身頃をはさんでミシン
裏後ろヨーク（裏）
後ろ（裏）
⑧下側のギャザーミシンを引き抜く

※前身頃も同様

2. 後ろあきを作る　→p.42参照

→p.42参照

3. 肩を縫う

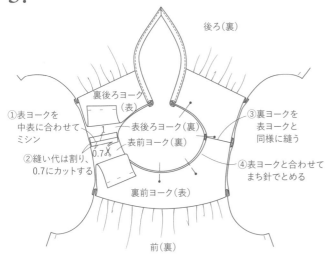

後ろ（裏）
裏後ろヨーク（表）
①表ヨークを中表に合わせてミシン
表後ろヨーク（裏）
③裏ヨークを表ヨークと同様に縫う
表前ヨーク（裏）
②縫い代は割り、0.7にカットする
1
0.7
裏前ヨーク（表）
④表ヨークと合わせてまち針でとめる
前（裏）

4. 布ループを作り（→p.67参照）、後ろあきにはさんで衿ぐりをバイアス布でくるむ　→p.43参照

（→p.67参照）、→p.43参照

5. 袖ぐりをバイアス布でくるむ　→p.66参照

→p.66参照

6. 脇を縫う。袖ぐりの脇縫い代をとめる

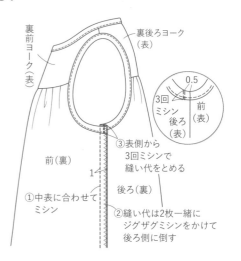

裏前ヨーク（表）
裏後ろヨーク（表）
前（裏）
3回ミシン
前（表）
後ろ（裏）
0.5
③表側から3回ミシンで縫い代をとめる
①中表に合わせてミシン
②縫い代は2枚一緒にジグザグミシンをかけて後ろ側に倒す

7. 裾に見返しをつける

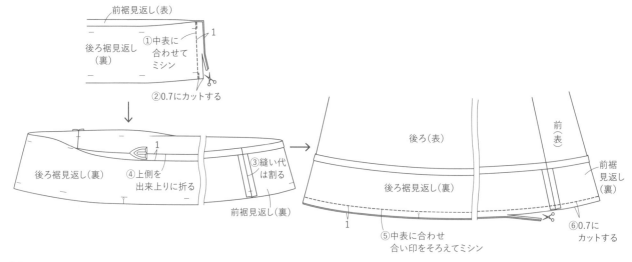

前裾見返し（表）
後ろ裾見返し（裏）
①中表に合わせてミシン
②0.7にカットする

後ろ裾見返し（裏）
④上側を出来上りに折る
③縫い代は割る
前裾見返し（裏）

後ろ（表）
前（表）
後ろ裾見返し（裏）
前裾見返し（裏）
⑤中表に合わせ合い印をそろえてミシン
⑥0.7にカットする

7. の続き

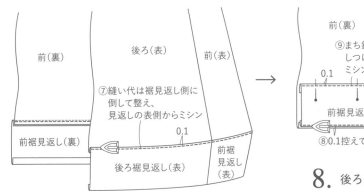

⑦縫い代は裾見返し側に
倒して整え、
見返しの表側からミシン

前(裏)　後ろ(表)　前(表)

0.1

前裾見返し(裏)

後ろ裾見返し(表)

前裾
見返し
(表)

→

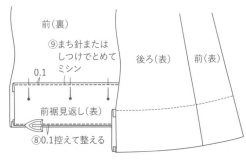

前(裏)

⑨まち針または
しつけでとめて
ミシン

0.1

前裾見返し(表)

後ろ(表)　前(表)

⑧0.1控えて整える

8. 後ろあきにボタンをつける　→p.44参照

X

photo p.37

スペアカラー

いろいろなアイテムと合わせられるつけ衿です。後ろ側は裁断するとバイアス
になり伸びやすいので芯をはりますが、柔らかく薄い芯を選んでください。

[出来上り寸法]

サイズ	100	110	120	130	140
後ろ丈	10cm	10.5cm	11cm	11.5cm	12cm

[材料]　（左から　100/110/120/130/140サイズ）
・表布[布もよう/60 フレンチリネン キャンバスワッシャー
　（51/オフ）]……130cm幅 40cm/40cm/40cm/40cm/40cm
・接着芯（表衿）……90cm幅 40cm/40cm/40cm/40cm/40cm
・ボタン……直径1cm 1個

E

実物大パターンは
E面にあります

[裁合せ図]

接着芯は表衿の裏のみ

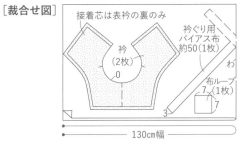

衿
(2枚)

衿ぐり用
バイアス布
約50(1枚)

布ループ
7 (1枚)

40
40
40
40
40
40
cm

130cm幅

＊指定以外の縫い代は1cm
＊□□□□は裏に接着芯をはる
＊数字は上から100/110/120/130/140サイズ

3

4

1

2

準備：バイアス布を作る　→p.41参照

1. 前後の下側を縫う

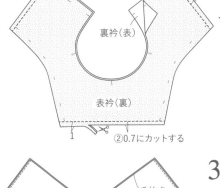

①中表に合わせて
ミシン

1

裏衿(表)

表衿(裏)

1

②0.7にカットする

→

0.1

表衿(表)

裏衿(表)

③縫い代は裏衿側に倒して
アイロンで整え、表側からミシン

↓

④0.1控えて整える

裏衿(表)　表衿(裏)

2. 後ろ中心側と肩先側を縫う

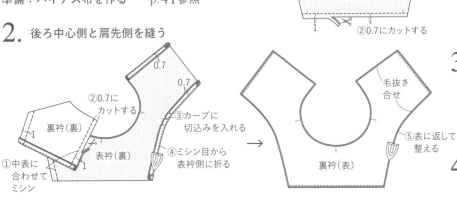

0.7

0.7

②0.7に
カットする

③カーブに
切込みを入れる

④ミシン目から
表衿側に折る

裏衿(裏)

1

表衿(裏)

1

①中表に
合わせて
ミシン

→

毛抜き
合せ

⑤表に返して
整える

裏衿(表)

3. 布ループを作り
（→p.67参照）、
後ろあきにはさんで
衿ぐりをバイアス布で
くるむ　→p.43参照

4. 後ろあきにボタンをつける
→p.44参照

U photo p.32
ラウンドカラーコート

Aラインシルエットのゆったりしたコートです。ラグラン線はパイピング、
その他の縫い代は折伏せ縫いですっきりと仕上げます。

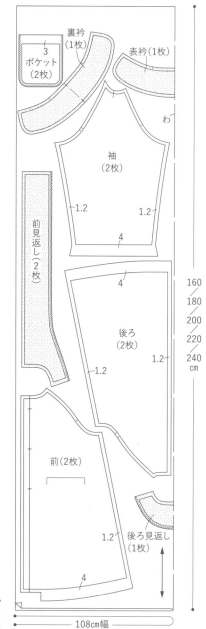

実物大パターンは
D面にあります

［出来上り寸法］

サイズ	100	110	120	130	140
バスト	85.5cm	89.5cm	93.5cm	97.5cm	101.5cm
着丈	54cm	60cm	66cm	72cm	80cm
袖丈	40.5cm	45cm	50cm	54.5cm	59.5cm

［材料］ （左から 100/110/120/130/140 サイズ）

・表布［プレドゥ/25番手リネンウール生地ヘリンボンナチュラル
　染め加工］……108cm幅 160cm/180cm/200cm/220cm/240cm
・別布（袖つけ用バイアス布）……50×50cm
・接着芯（前見返し、後ろ見返し、表衿、裏衿）……90cm幅 70cm/
　70cm/80cm/80cm/80cm
・くるみボタン……直径2.5cm 3個（100、110、120サイズ）、4個
　（130、140サイズ）

［裁合せ図］
表布

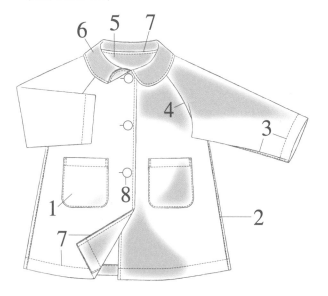

準備：別布でバイアス布を作る
→p.41参照

別布

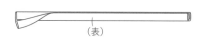

―約60を2枚―
2.8　袖つけ用バイアス布

（表）

＊指定以外の縫い代は1cm
＊□□□は裏に接着芯をはる
＊〜〜〜はジグザグミシンをかける
＊数字は上から100/110/120/130/140サイズ

裏衿（1枚）
表衿（1枚）
3 ポケット（2枚）
わ
袖（2枚）　1.2　1.2　4
前見返し（2枚）
後ろ（2枚）　4　1.2
160 180 200 220 240 cm
前（2枚）　4
1.2　後ろ見返し（1枚）　4
108cm幅

1. ポケットを作り、つける　→ p.60参照

2. 後ろ中心、脇を折伏せ縫いで縫う

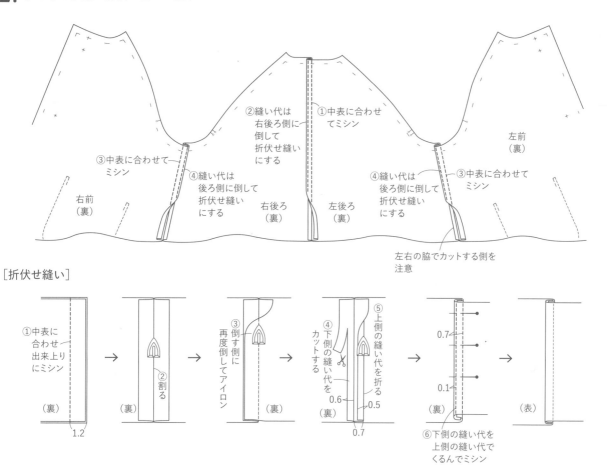

③中表に合わせて
ミシン

右前
（裏）

④縫い代は
後ろ側に倒して
折伏せ縫い
にする

②縫い代は
右後ろ側に
倒して
折伏せ縫い
にする

①中表に合わせ
てミシン

右後ろ
（裏）

左後ろ
（裏）

④縫い代は
後ろ側に倒して
折伏せ縫いにする

③中表に合わせて
ミシン

左前
（裏）

左右の脇でカットする側を
注意

［折伏せ縫い］

①中表に
合わせ
出来上り
にミシン

（裏）

1.2

②割る

（裏）

③倒す側に
再度倒して
アイロン

（裏）

④下側の
縫い代を
カットする

0.6　0.5

（裏）

0.7

⑤上側の縫い代を折る

0.7

0.1

（裏）

⑥下側の縫い代を
上側の縫い代で
くるんでミシン

（表）

3. 袖下を折伏せ縫いで縫う。袖口を三つ折りにして縫う

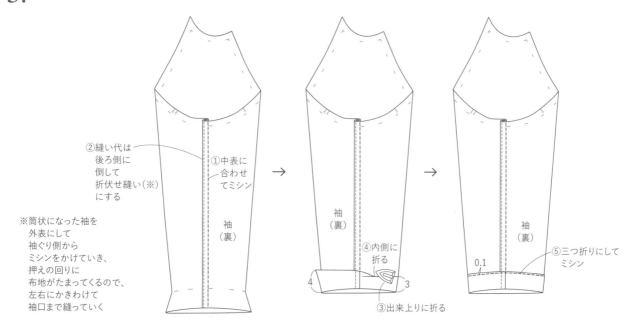

②縫い代は
後ろ側に
倒して
折伏せ縫い（※）
にする

※筒状になった袖を
外表にして
袖ぐり側から
ミシンをかけていき、
押えの回りに
布地がたまってくるので、
左右にかきわけて
袖口まで縫っていく

①中表に
合わせ
てミシン

袖
（裏）

袖
（裏）

④内側に
折る

4　　3

③出来上りに折る

袖
（裏）

0.1

⑤三つ折りにして
ミシン

4. 袖をつける

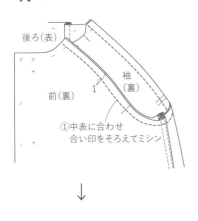

後ろ（表）
前（裏）
袖（裏）
1
①中表に合わせ
合い印をそろえてミシン

↓

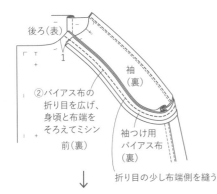

後ろ（表）
1
袖（裏）
②バイアス布の
折り目を広げ、
身頃と布端を
そろえてミシン
前（裏）
袖つけ用
バイアス布
（裏）
折り目の少し布端側を縫う

↓

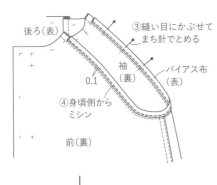

後ろ（表）
③縫い目にかぶせて
まち針でとめる
袖（裏）
バイアス布
（表）
0.1
④身頃側から
ミシン
前（裏）

↓

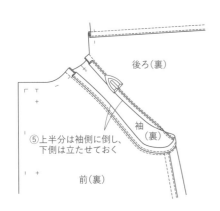

後ろ（裏）
袖（裏）
⑤上半分は袖側に倒し、
下側は立たせておく
前（裏）

5. 見返しの肩を縫い、見返し端を二つ折りにして縫う

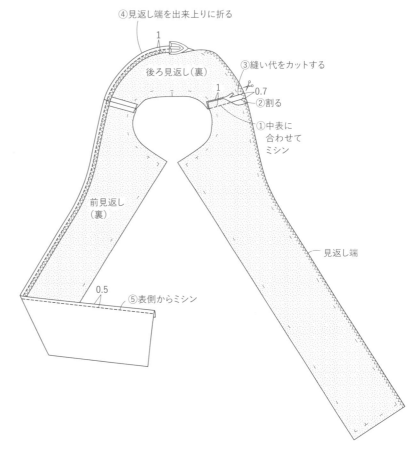

④見返し端を出来上りに折る
1
③縫い代をカットする
後ろ見返し（裏）
1
0.7
②割る
①中表に
合わせて
ミシン
前見返し
（裏）
見返し端
0.5
⑤表側からミシン

6. 衿を作る　→p.58 3.衿を作る1〜6参照

①表衿側からミシン
0.5
表衿（表）
②衿を平らに置いて
しつけをする

7. 衿を身頃と見返しではさみ、衿ぐり、前端を縫う。裾を三つ折りにして縫う。衿ぐりと前端にステッチをかける。見返し端を身頃にまつる

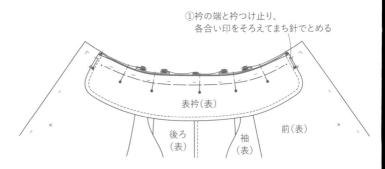

①衿の端と衿つけ止り、
各合い印をそろえてまち針でとめる
表衿（表）
後ろ
（表）
袖
（表）
前（表）

7. の続き

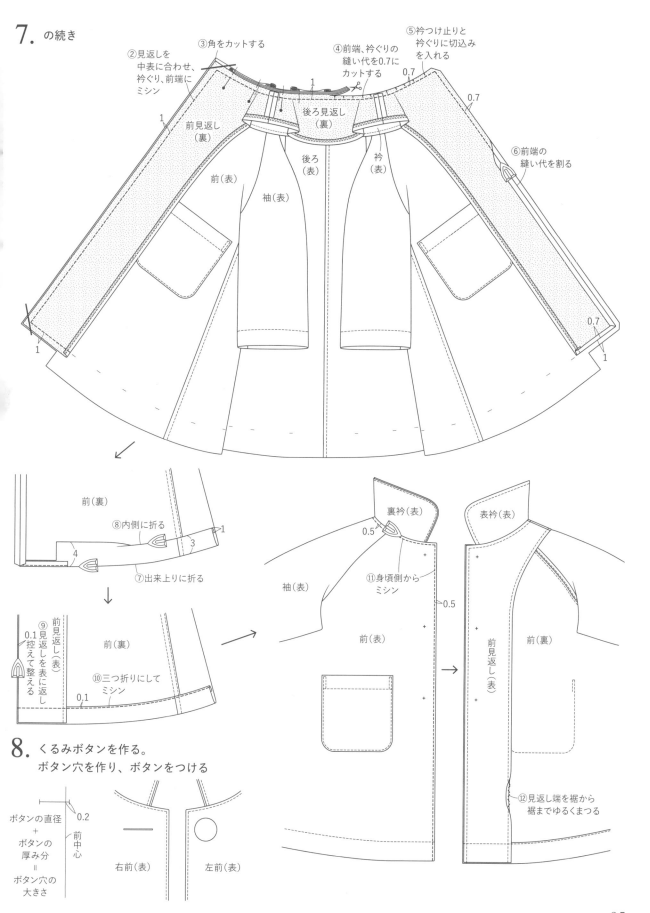

②見返しを
中表に合わせ、
衿ぐり、前端に
ミシン

③角をカットする

④前端、衿ぐりの
縫い代を0.7に
カットする

⑤衿つけ止りと
衿ぐりに切込み
を入れる

1

0.7

0.7

前見返し（裏）

後ろ見返し（裏）

1

前（表）

後ろ（表）

衿（表）

袖（表）

⑥前端の
縫い代を割る

0.7

1

1

前（裏）

⑧内側に折る

1

4

3

⑦出来上りに折る

⑨前見返し（表）
0.1控えて整える

前見返し（表）

0.1

前（裏）

⑩三つ折りにして
ミシン

0.1

裏衿（表）

0.5

⑪身頃側から
ミシン

袖（表）

前（表）

0.5

表衿（表）

前見返し（表）

前（裏）

⑫見返し端を裾から
裾までゆるくまつる

8. くるみボタンを作る。
ボタン穴を作り、ボタンをつける

ボタンの直径
＋
ボタンの
厚み分
＝
ボタン穴の
大きさ

0.2

前中心

右前（表）

左前（表）

ブックデザイン	わたなべひろこ（Hiroko Book Design）
撮影	加藤新作
	安田如水（文化出版局／プロセス）
スタイリング	荻野玲子
モデル	クロエ　雫　ソフィア
	ヤナ　リアム　律　ルイーサ
ヘアメイク	上川タカエ（mod's hair）
作り方原稿	助川睦子
トレース	大楽里美
パターングレーディング	上野和博
DTP 製作	文化フォトタイプ
パターン整理	平山伸子
コンテンツイラスト	新垣美穂
校閲	向井雅子
編集	三角紗綾子（文化出版局）

布地提供

APUHOUSE FABRIC …… rakuten.ne.jp/gold/apuhouse/
（p.14 H、p.24 N、p.28 P、p.34 V）

生地の森 …… kijinomori.com
（p.06 C、p.08 E、p.18 J 右、p.29 R）

DARUMA FABRIC …… daruma-fabric.com
（p.28 Q、p.31 T）

CHECK & STRIPE …… checkandstripe.com
（p.12 G左、G中央、p.16 I、p.21 L、p.22 M、p.25 N、p.26 P、
p.30 S）

デコレクションズ …… decollections.co.jp
（p.10 F、p.18 J 左）

布もよう …… nunomoyo.b-smile.jp
（p.36 W、p.37 X）

Pres-de（プレドゥ）…… pres-de.com
（p.04 A、p.05 B、p.07 D、p.12 G 右、p.20 K、p.26 O、p.32 U）

用具提供

クロバー …… ☎ 06-6978-2277（お客様係）
clover.co.jp

撮影協力

AWABEES

すてきな子ども服

2021 年 7 月 19 日　第 1 刷発行

著　者	新垣美穂
発行者	濱田勝宏
発行所	学校法人文化学園 文化出版局
	〒 151-8524 東京都渋谷区代々木 3-22-1
	☎ 03-3299-2487（編集）
	☎ 03-3299-2540（営業）
印刷・製本所	株式会社文化カラー印刷

文化出版局のホームページ　http:// books.bunka.ac.jp/

この本の作り方に関するお問合せは文化出版局書籍課（☎ 03-3299-2487）までお願いします。